王晓春 著

平视美国教育

中国人民大学出版社
·北京·

图书在版编目（CIP）数据

平视美国教育 / 王晓春著 .—北京：中国人民大
学出版社，2017.9
　ISBN 978-7-300-24433-4

　Ⅰ.①平… 　Ⅱ.①王… 　Ⅲ.①教育研究—美国　Ⅳ.
① G571.2

中国版本图书馆 CIP 数据核字（2017）第 116107 号

平视美国教育

王晓春　著

Pingshi Meiguo Jiaoyu

出版发行	中国人民大学出版社			
社　　址	北京中关村大街 31 号		邮政编码	100080
电　　话	010-62511242（总编室）		010-62511770（质管部）	
	010-82501766（邮购部）		010-62514148（门市部）	
	010-62515195（发行公司）		010-62515275（盗版举报）	
网　　址	http://www.crup.com.cn			
	http://www.ttrnet.com（人大教研网）			
经　　销	新华书店			
印　　刷	北京东君印刷有限公司			
规　　格	168 mm×239 mm　16 开本		**版　次**	2017 年 9 月第 1 版
印　　张	13.25 插页 1		**印　次**	2017 年 9 月第 1 次印刷
字　　数	190 000		**定　价**	39.80 元

前　言

本书由两份读书笔记组成，上篇是《向美国学教育》的读书笔记，下篇是《给学生无限可能——细说美国教育》的读书笔记。

《向美国学教育》，作者万玮，就是写《班主任兵法》的那位老师，供职于上海市平和双语学校。2012 年 3 月中旬至 7 月上旬，万老师受学校派遣，去美国波士顿学习、考察了近四个月，第一个月在语言学校学习英语，第二个月访问中小学，最后的近两个月在波士顿大学和哈佛大学学习。作者依据自己在美国的所见所闻、所思所想，写成了这本书。我饶有兴趣地看了一遍，觉得有必要写点读书笔记。因为这本书提供的情况很新，而且作者的观察比较深入，并非浮光掠影。另外，作者是学理科的，教数学的，文风朴实，该说什么事就说什么事，既没有云山雾罩、矫揉造作，也没有弄一些术语唬人。我边读边写笔记，共写了 31 则，大约用时半年。其中一些内容（主要是关于教学的案例），被我发表在《今天怎样做教师——点评 100 个教育案例（中学）》（修订版）中了；其他内容都收在本书中了。

《给学生无限可能——细说美国教育》，作者方帆，1987 年毕业于中山大学，1988 年赴美任教，现在仍在美国加州一所公立中学教书，可以说是资深教师了。2001 年他获得了"加州最卓越教师奖"，可算美国的尖子教师了。我读了这本书的目录，立刻被吸引住了，感觉他谈到的很多情况正是我想知道的。比如：

美国中学真的取消班级了吗

美国高中的学分制是什么样的

美国的公立高中如何管理学生

美国的中小学真的没有班干部吗

美国有班主任吗

怎样才有资格在美国当中小学老师

美国学生要上补习班吗

美国有重点学校和重点班吗

美国人为什么要择校

美国人为什么没有早恋的概念

美国高中生晚上要熬夜学习吗

美国的学生守则包括哪些内容

美国的公立学校有留级制度吗

美国有"高考状元"吗……

也是边读边写笔记，长了不少见识。

我们学习和评论美国的基础教育，不能靠想当然和道听途说，一定要尽可能地掌握比较可靠的材料。我见到一些人笼统地说中国的基础教育比美国强，或者相反，这些说法一般缺乏切实可靠的材料支撑。方帆老师的这本书，提供了不少很具体的材料，读起来我觉得比读一些理论著作收获还大。

一如既往，我的这些笔记也是陆续发在博客里，引起了网友们的讨论。网友们的发言，给了我不少启发，在此表示感谢。

我国介绍美国教育的书多极了，翻译过来的美国教育论著也有不少，总的感觉是介绍者对美国教育采取的多是仰视的姿态。我想，不必如此，平视就行了。本书的写作姿态就是平视。

目 录

CONTENTS

下 篇

上 篇

1. 教育的本质是帮助孩子自我成长

万老师在美国期间，大部分时间住在波士顿的一对犹太老夫妇布鲁斯和萨利家中。他们家里有 8 个孩子，布鲁斯和萨利的 4 个孩子，还有布鲁斯弟弟的 4 个孩子。萨利给作者讲了其中一个孩子阿莱的故事。阿莱是布鲁斯弟弟的孩子。

阿莱是这个家里极大的麻烦。因为他母亲离开家时他还小，没有充分享受到母爱，也因为他最聪明，且特别敏感，因此，在成长的过程中特别叛逆……

阿莱七年级时，整天踢球，功课很差。萨利有一天正告他说，放学之后直接回家做功课，不许去踢球！

你没有权利这么做！我就是要踢球！

你今天要是还去踢球的话，下周三汤姆的生日聚会你就别想去了！

你阻止不了我的！

阿莱当天照样去踢球了。

好的，你等着瞧。萨利对阿莱说。

萨利打电话给汤姆的妈妈，告诉她事情经过。汤姆的妈妈是明理之人，说，没问题，放心好了，我会告诉汤姆以及他的朋友，不会让阿莱参加的。

阿莱到汤姆家门口的时候，汤姆的妈妈出来说，你妈打电话来关照过了，我们不能让你参加生日聚会，你回去吧。对不起噢。

阿莱气疯了，但是无可奈何。因为萨利告诉过他这一点。更重要的是，萨利说到做到，有利有理有节。

跟一个聪明的儿子斗争，得需要多大的勇气和智慧！

阿莱十一年级时，有一天晚上十点多还没回家。萨利的教育是开明的，孩子们独立性很强，她也总是把孩子放到外面去锻炼。在谈到有一些美国家长成了"直升机家长"（helicopter parents）时，萨利说，主要是因为互联网普及后，网上有太多不好的东西，家长们不放心，不敢像以前那样放任，因此，现在关注孩子一举一动的家长也越来越多，成为直升机家长。

十点钟是萨利给孩子们限定的最晚回家时间，可是阿莱还不见踪影。那时移动电话没有普及，萨利只能等待。

大约在接近十二点的时候，萨利听见门外有响声。从二楼窗户望去，两个大个警察夹着阿莱走到门口，阿莱烂醉如泥。

原来阿莱参加同学彼得的聚会，彼得偷偷拿出爸爸妈妈的几瓶酒，混在一起喝。阿莱喝醉了，睡在公园的长凳上，被巡逻的警察发现了。

那天之后一直到学期末，阿莱的生活轨迹成为学校与家庭两点一线，其他地方哪儿也不许去。连学校里每到十一年级时举行的舞会也不能参加。

阿莱争辩说，舞会是学校举办的。

不能参加，萨利坚定地摇头说。

阿莱读了大学之后，开始新的生涯。

大学有一个勤工俭学项目，称为宿舍助理，一个楼层两名，负责这个楼层住宿学生的一切问题。工作十分烦琐，十分累人。阿莱经过申请最终成为一幢学生宿舍楼的八名宿舍助理之一。有一次他还打电话给萨利，请教如何处理学生宿舍发生的一起意外事件，是否要叫911。

成为宿舍助理的好处是，不但可以免费住宿，还可以额外得到报酬。对萨利来说，她更为看重的是，宿舍助理是一个很好的课程，阿莱得到了很大的锻炼和教育。

阿莱毕业之后去了加州，现在是一位社会工作者，在一家机构工作，工作对象是无家可归的孩子。阿莱帮他们安排愿意

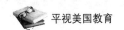

领养他们的家庭，并定期去看望他们。

《向美国学教育》，第 2-4 页）

　　萨利女士的家庭教育方法值得学习。她基本上是让孩子自己成长，只在关键的地方帮一下。她管得很少，然而一旦出手，就非常坚决，不动摇。这正是大多数优秀家长的特点，我国优秀的家长也是这样。相比之下，那些每天唠唠叨叨瞎管，到关键时刻却又管不住孩子的家长，就是没水平的家长了。

　　萨利的惩罚方式也值得注意，这就是我解读美国优秀教师雷夫老师的经验时说的，这是一种"减甜"式的惩罚，就是取消你参加某些喜爱的活动的权利，让你难受。而我们通常见到的惩罚多是"加苦"式的，给你增加一些新的痛苦来惩罚你，比如你敢喝酒，罚你做 100 道题。我觉得我们可以采用一些"减甜"式的惩罚，不要只用"加苦"式的惩罚。

　　你会发现，对阿莱的教育起作用最大的，可能是他上大学做宿舍助理的经历。这是真实生活的教育，体验式的教育。这对迷信"动之以情，晓之以理"的家长和教师们，也会有些启发。我们有的家长和教师总想用嘴把孩子教育好，这是不懂教育的表现。有的家长和教师以为孩子是大人教育好的，这也是不懂教育的表现。其实，孩子是自己逐渐成长起来的，是他们自己把自己教育好的，家长和教师不过起了"提供平台，给予指导，加以帮助"的作用而已。想代替孩子成长，差矣。

2013 年 7 月 25 日

【余墨（K12 班风小论坛）】

　　"减甜"式惩罚确实会比"加苦"式惩罚的效率要高，班主任如果采用"减甜"式惩罚，是否行得通？尤其是新接班的班主任，对学生不熟悉，如何能够实施"减甜"式惩罚？这对老师来说是否较难？这些是值得我思考的问题，我要在开学前好好研究一下，愿得到王老师的指点。

余墨老师：

下文摘自拙著《第 56 号教室的玄机——解读雷夫老师的教育艺术》。可供参考。

王晓春

惩罚的两种类型①

有一位中国老师问雷夫：您对学生进行惩罚吗？惩罚的原则是什么？雷夫老师这样回答：

在我这里，只有一种惩罚：如果孩子在活动中捣乱，那么他就得退出这个活动。如果我们在打棒球，你却在球场上发脾气，那你就不能打棒球了。如果我们正在上科学实验课，你没有按规定使用材料，那你就得到教室后面去，只能看着大家做实验。我们面临的挑战是，如何让课程变得有趣，以致不能上课本身对孩子就是一种惩罚。

（《第 56 号教室的故事——雷夫老师中国讲演录》，教育科学出版社，2012 年 8 月第 1 版，第 47 页）

关于惩罚，我国教育界讨论很多，但争论的多是"要不要惩罚，教师有没有权利惩罚"之类的问题。有一种新潮的主张是"无惩罚教育"，相当于神话故事，遭到了老师们的普遍反对。雷夫老师的经验告诉我们，完全没有惩罚的教育是忽悠。你或许能在一段时间内或某个局部环境中不用惩罚，但就教育的全局和全过程来看，完全取消惩罚是不可能的。没有无惩罚的社会，也就

①王晓春.第 56 号教室的玄机：解读雷夫老师的教育艺术 [M] .北京：教育科学出版社，2013：131–136.

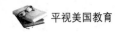

不会有无惩罚的教育。但问题的关键并不是要不要惩罚，而是如何惩罚，怎样使惩罚确实起到教育作用，这才应该是我们讨论的重点。雷夫老师的惩罚观和做法，可以给我们很大启发。

雷夫老师的惩罚，其特点是"取消你参加某个活动的权利"，减少你的一些乐趣。我把他这种惩罚思路叫作"减甜"式惩罚，这和我们通常见到的惩罚方式不同。我们通常见到的惩罚往往是"加苦"式的。比如，学生本来就不爱写作业，写作业对他已经是痛苦了，教师发现他没有写对或者写得不好，罚他抄写十遍（这还是少的），这是"苦上加苦"，这种惩罚可以称为"加苦"式惩罚。

"减甜"式惩罚与"加苦"式惩罚差别很大。我们先说对于学生的差别。在"减甜"式惩罚中，学生的主要感觉应该是"遗憾"——我失去了一些快乐，只能看着别人快乐；但我若改正错误，就能"得到快乐"，改正错误是通往快乐之道。而在"加苦"式的惩罚中，学生的感觉主要是"雪上加霜，苦上加苦"，失去的不是快乐，而是"另一个痛苦"。

我见过很多学生被赶出教室后欢天喜地，为什么？因为坐在教室里对于他是更大的痛苦，他乐得用一个"小痛苦"（被赶出教室丢面子）换来一个"快乐"（离开了可恶的学习）。这种学生如果改正了错误，他能得到什么？往好了说，只能减轻一点痛苦；往坏了说，得到的反而是更大的痛苦。比如，他烦透了课堂，如果不犯错误，不被赶出教室，会更痛苦，还不如被赶出去，呼吸一点自由的空气。于是你就明白为什么有些学生明知故犯、屡教不改了。他的账算得很清楚，在他看来，正因为屡教不改，他才得大于失。"减甜"式的惩罚显然更有利于学生改正错误，因为改了他能得到好处；"加苦"式的惩罚则不然，受到这种惩罚的学生改正错误的动力要小得多，因为改了他也没有多大甜头。没奈何，教师只好用大道理教训他，用更严厉的惩罚吓唬他，这正是我们学校里常见的"风景"。

"减甜"式惩罚与"加苦"式惩罚给教师的感觉，差别就更大了。要知道，"减甜"的前提是"有甜"，如果学校生活对学生本来就没有多少"甜度"，你有什么可"减"的？可见，要实行"减甜"式的惩罚，教师必须首先帮学生"减苦"，尽量把教室变成快乐的地方，把学习变成快乐的事情，而这是非常困难的。做不到这一点，又不想放弃惩罚，只好"加苦"了，你别无选择。也就是说，教师如果想实行"减甜"式的惩罚，他一定会用主要的精力提高自身教学水平，把教学艺术化，弄得学生欲罢不能；而经常实行"加苦"式惩罚的教师，则会把更多精力用来和学生较劲。前者对自己的要求高，后者对学生的要求高。优秀教师对自己永不满足，不优秀的教师正相反，他们对学生永不满意，还美其名曰"追求完美"。

我相信即使在美国，能做到像雷夫老师这样以"减甜"式惩罚为唯一惩罚方式的教师也不会是多数，要达到这种境界，太难了。但是这并不妨碍我们从雷夫老师那里学到点什么。你想办法增加点课堂生活的"甜度"，总可以吧？你在某个活动中采用"减甜"的方式惩罚学生，总可以吧？然后你尽可能逐步增加"减甜"式惩罚的比例，减少"加苦"式惩罚的比例，总可以吧？走上这条路，你就不会每天抱怨学生不懂事，抱怨学校不给你惩罚的权力了。

雷夫老师在回答另一位中国老师提问的时候说：

我们美国的教学体系在培养学生性格方面存在严重的问题，原因有两个：一个是美国的媒体，它们经常宣扬一些令人恶心的人，让孩子们以为流行歌星很伟大；另一个问题在于美国学校，它们没有让学生为自己的行为承担后果。几年前，我班里有个学生用匕首捅了同学一刀，而他受到的惩罚仅仅是被校长叫去谈了一小时话，然后又回到教室。

……我认为品德教育的一个重要方面，就是要让那些表现不

好的学生受到惩罚，让他们知道坏行为的后果是什么。

（《第56号教室的故事——雷夫老师中国讲演录》，第25页）

可以看出，雷夫老师不但肯定了惩罚对于教育的必要性，而且事实上他也承认惩罚不可能总是"减甜"式的。对于学生的严重错误，雷夫老师主张更严厉的惩罚，让学生承担后果。我相信，"减甜"式的惩罚只可能在局部、在某段时间、在某个教师那里成为"唯一"的惩罚方式，要使教育惩罚从整体上都变成"减甜"式的，也是不可能的。我国有些人正在打着"爱"的旗号宣扬无原则的宽容，鉴于美国学校的教训，我们对此要有所警惕。

2012年8月19日

[网络互动]

王老师：

我今年带初三的学生，不听课、说话的学生坐到教室后面以后，得意扬扬，让我感觉他们根本就是情愿这样：老师，我不听课，让我坐后面吧。我一直在想：这是怎么样的学生？他们为什么在我的课堂上这样？现在他们毕业了，见了我却都很亲，但是我对他们的教育是失败的，尽管我不是班主任。

yu890

yu890老师：

您好！

这种孩子，离开课堂对他们来说不但不是痛苦，而且已经是一种"解脱"甚至"享受"了。"减甜"的办法对于他们当然是无效的，"加苦"的办法我估计也奈何不了他们，他们已"久经考验"了。这当然是教育的失败，但这不可能是您一个人的失败，这是集体的失败。在您前面，一定有很多老师争先恐后地把"加苦"的办法用到极致了，到您这里，即使您想用"减甜"的办法，也来不及了，那不是一下子"甜"得起来的。从学生毕业后对您的态度来看，他们并不怪罪您，我觉得孩子还是挺懂事的。遇到此种学生，您也就只能采取"保守治疗"的办法，尽力就可以了。您不和他们较劲，是很明智的，否则会起冲突。

您不必太自责，我们都不是神仙。当然，以后接新班，我建议您还是尽可能想办法让课堂"甜"起来，能做多少是多少。

仅供参考。

王晓春

2012 年 8 月 21 日

王老师：

谢谢，的确如您分析，他们的班主任老是用耳光对待他们，到我这儿已经没有任何办法了。一位学生中考语文考了 135 分，很高兴地说了一句话："我终于对得起语文老师了！"尽管总分不高，但是他已经满足了。我想，用心对待这些孩子，不去打骂是很正确的。因为我曾经和他聊过很久，但是他都没有好好学习，所以一直感到愧对我。有一次过节，他在我面前送花给其他老师，上我的课的时候还特意向我解释，其实那花是想送给我的，但是班主任安排要送给其他老师。我心里很满足，这就是金钱无法达到的价值。今年我如果带班，一定尽力给学生最好的教育和关心！

yu890

2. 生命的神奇——厌学生扎克

　　扎克也是布鲁斯弟弟的孩子，出生在以色列。三岁的时候，全家搬回美国。临出发的时候，扎克的母亲突然变卦，拒绝回美国。她扔下了丈夫和四个孩子，一个人留在了以色列。这个决定给两个家庭带来了伤害。随着孩子长大，伤害逐渐显现出来。回美国之后，扎克的父亲一个人无法照顾四个孩子，于是决定和哥哥布鲁斯一家生活在一起，组成一个大家庭，孩子的教育问题交给嫂子萨利负责。

　　扎克是两家人中最小的孩子，可是表现也最糟糕。升入中学之后，他不仅不做作业，还经常逃课。学校管理很严格，把他编入了学校的特殊班级，实施特殊管理。别的孩子有选修课，这个班没有。别的孩子放学之后就回家了，这个班的孩子得留下来，把家庭作业完成之后才能走。在这个班里，他做得很好，表现优异。于是在第二个学期重返正常班级。

　　进入高中之后，他突然开始极度厌学。虽然每天也按时去学校，但是不愿意进教室，而是到处闲逛。老师常常会在走廊的尽头或者操场的一角看到他，他就坐在那里，什么也不做。

　　扎克的父亲对孩子的问题不想管也管不了，于是萨利不得不每个星期去学校。萨利用尽了所有的努力，换来扎克的答复是，我再也不去学校了。

　　扎克在家里待了一个多月，萨利终于帮他联系到适合他去的地方。那是一个类似于工读学校的地方，第一天去的时候，大家都很惊讶地看着扎克，因为他几乎是里面唯一的白人孩子，并且是没有违法犯罪记录的孩子。扎克没有高中毕业，拿不到美国公民证。要拿美国公民证，必须通过一个考试。这个学校提供免费考试辅导，而且还帮助扎克免费拿到了驾照。

所幸的是，萨利最担心的事没有发生，扎克虽然不爱读书，但跟那些人并不是一伙的，几乎没有受到他们的影响。

扎克弄了一份简历，放到了一个专门的人才招聘网站上。一艘游艇上的餐厅跟他联系，愿意提供一份服务员的工作给他。扎克的哥哥某个暑期曾在那艘游艇实习过，给他们留下了极好的印象，游艇的经理认出了扎克的姓氏。于是他开始有了第一份工作。他干得不错。

游艇服务员的工作很简单，工作时间也不长，自然薪酬不高。扎克便找老板找活做，获得允许后，他把游艇重新漆了一遍。后来，他又参加了一个船员消防的培训，学到了一点技能，拿到了一个证书。

凭着这个证书，扎克找到了一份好工作——一家为美国海军服务的远洋运输公司。扎克成了船员，背井离乡被派到欧洲、地中海地区的舰队干活。虽然又远又苦，待遇却非常好。萨利说起这段历史的时候，特别强调，待遇真的非常非常好。

扎克在地中海时，萨利的母亲去世了。扎克得知消息，请假回国，没有得到允许。再往上申请，还是没有批准。扎克据理力争，等到他最终赶到纽约时，刚好是葬礼结束后的一天。

扎克一怒之下，决定不回去了！

萨利摇摇头说，他就是这个性格。

当船员两年，扎克攒了一点钱。在家里待了一段时间后，他决定去考美国海军。

扎克身高 1.80 米，体重 200 斤。长成这个体形，还想当兵，难免让人笑话。

扎克买了一张健身中心的会员卡，开始锻炼身体。读书的时候，他从不参加体育活动，包括跑步。体育成绩奇差，引体向上一个都做不了。而现在，他竟然花钱健身。

更令人惊奇的是，一年之后，扎克减掉了 60 斤肥肉，成了身材修长，肌肉发达的俊美青年。

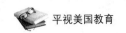

萨利给我看他以前臃肿的照片，对照他现在的样子，简直令人难以置信。

扎克最终考上了美国海军预备役资格——可以穿上军服，每个月有集中的训练和学习，也能领取一点工资。

我（作者万玮——王晓春注）来美国的时候，扎克开始谋划考救火队员资格证书。

这个很热门，因为待遇相对还不错，报考的人很多。萨利说。

前两天，他乘飞机飞往巴尔的摩，参加资格考试。回来之后，萨利问他情况如何，他很轻松地说，非常好，身体测试、面试、书面测试，都不错。就是英语可能需要补习一下。

萨利明白其中的含义。扎克写邮件给她，常常就是只言片语，而且拼写错误比比皆是。萨利说，换作别人，都不知道他在说什么。

扎克很诚恳地说，我虽然在学校一直待到高二，但是在那之前很长时间里就不读书了。我觉得有必要回高中再去听听课什么的。

萨利向我叙述到这里的时候，眼圈泛红了，我能看到她眼中闪烁的泪光。她一定想起了那段每周都得去高中的日子，以及送扎克去工读学校考公民资格的复杂心情。

你知道吗？他居然想回学校。萨利喃喃地说。

有时候，你看着孩子成长，你看着他们变化，你会感受到生命的神奇。萨利说。

扎克的母亲后来还是回了美国。但只是一个人生活在美国中部，情况很不好。扎克和其他孩子见过她两次，每次都聊了一两个小时就匆匆告别。对扎克来说，她就像一个陌生人。他的挣扎，他的叛逆，他的成长，他的感恩，没有她的一点印迹。

（《向美国学教育》，第4-7页）

我感觉这个扎克是个典型的厌学型问题生，重度厌学。他从彻底的厌学到后来老大不小了才想起回炉上高中，这一成长过程颇有戏剧性。请注意：促成这个变化的主要因素既不是家庭教育也不是学校教育，而是社会教育。我说过"最伟大的教师是生活"，看来确实如此。在我国，这种例子也不少，我就见过一些。有些人工作之后才发奋学习，亡羊补牢，还不算晚。但也有不少家长，不弥补自己的错误，却跟孩子较劲，拼命地逼孩子学习，他是想让孩子改正他当年犯的错误。家长有病，孩子吃药，其结果往往是孩子继承了父母的厌学传统，甚至发扬光大之。对扎克的变化，他的婶娘萨利评论道："他居然想回学校……有时候，你看着孩子成长，你看着他们变化，你会感受到生命的神奇。"是的，作为教育者，我也常常感到一些孩子的成长经历很神奇，出乎意料，没有办法预报。你想这个扎克，他脑子里的"学习软件"竟好像是事先设定了时间似的，不到时候不会启动，任你家长、教师怎么做工作也没用。这么说似乎有点宿命论的味道，然而确实有这样的事，你很难解释。我希望这种生命的神奇能够使得中小学教师变得谦虚一些，不要以为自己是什么"灵魂的工程师"，不要觉得自己能随心所欲地、定时定量地"塑造"学生。学校教育，就其重要性来说，其实，应该排在家庭教育和社会教育后面，顶多是老三。学校做不到的事情，不要以为社会做不到；学校教育不了的学生，不要以为他就没希望了。山外青山楼外楼，学校不过是社会的一隅而已，扎克的例子就说明了这一点。

这个案例中还有一点值得注意的是，美国学校中有特殊班，用来接受那些普通班级无法教育的学生。学生经过教育，如有进步，会被送回原班。我觉得这种办法值得借鉴。现在我们的办法是无论何种学生（林子大了什么鸟都有），只要你是班主任，就"承包"给你了，有些学生你明明教育不了，对不起，你也得扛着，把你压成什么样，别人就不管了——人自为战。结果弄得很多班主任狼狈不堪，非常无助，甚至导致心理问题。我认为这是一种官僚主义，缺乏对教师的关心和帮助。帮助班主任有两个办法，一个是培训和指导，另一个就是把班主任确实教育不了的学生"拿走"，让他到特殊班去"留学"，等到有所进步，再"回归故里"。我觉得这招不赖，

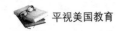

实行起来，一定会受班主任欢迎，如释重负嘛！但我不知道能否找到教这种特殊班的老师，家长能否同意。我希望有胆有识的校长试一试。

2013 年 7 月 26 日

【海蓝蓝 6384（K12 班风小论坛）】

我看到我们这儿所谓的"特殊班"，其实是类似"临终关怀"的班级。这样的班级，老师连课都不用上，很多学生也不来上课。不过像这样的班级，有很多学生抢着进；而所谓的"重点班"，有不少学生闹着要离开。

【王晓春读后】

海蓝蓝 6384 老师说的"临终关怀"班，指的是面临中考或者高考时被分出去的"差班"，这种班级我教过。我上文所说的"特殊班"不是这种班，而是带"治疗"性质的班级，其特点是：

1. 不以学习成绩差为学员的唯一条件或主要条件。行为习惯问题较大的、性格特殊的、心理有问题的、智力类型特殊的学生，只要是班主任确实弄不了的学生，都可以进这种特殊班。

2. 学校不是只到中考、高考前才办这种班。

3. 不是"临终关怀"，不是变相放弃，而是学生临时性地在这里接受"治疗"一段时间，病情相对缓和就可以被老师送回原班。

这种特殊班，就是一个小型的"教育医院"。它不是应试主义的，也不是业绩主义的，只不过是要为班主任和学生做一点实事而已。

2013 年 7 月 26 日

3. 犹太人与书

上周五，也就是 4 月 6 日晚，布鲁斯和萨利家迎来了很多客人，共同庆祝犹太人的逾越节。萨利提前一周就买了两个大火鸡回来，火鸡真大，一只至少十斤。周四晚上，萨利把火鸡放在烤箱里连夜烤。因为人比较多，那两天，她和布鲁斯不停地收拾家里的东西，以腾出空间。

晚上，陆陆续续来了很多客人。萨利的两个读大学的女儿，侄女和她丈夫，布鲁斯的姐姐，还有一些朋友，一共 14 个人，都是犹太人。家里没有那么多椅子，去楼上人家特意借了一些。

开吃之前，有一个很正式的仪式。让我惊奇的是，他们还准备了书，人手一本。仪式就按照书上的顺序来进行。大概有以下一些内容。

一、朗读。每个人轮流朗读其中的一些段落。萨利是总指挥。

二、唱歌。几乎每两页就有一些歌曲，歌词用以色列的官方语言希伯来语标注，文字和阿拉伯文有点像。现场的每一个犹太人都认识，都能跟着一起唱。

三、吃一些有象征意义的食品。例如，略带一丝苦味的菜叶、甜点、饼干和甜酱、鸡汤、煮鸡蛋，等等。

以上三项内容交替进行。

在和他们的交谈中，我大致了解了这个仪式的来历。按他们的说法，犹太人最早起源于埃及，在那里做奴隶，上帝把犹太人拯救出来，让他们遍布世界各地，并且还有了自己的国家。因此，牢记这段历史是非常重要的。至于那些食物的含义，苦和甜的食品应该是忆苦思甜，饼干和甜酱则代表用砖块和水泥建立自己的家园。

仪式进行了大约一个多小时即宣告结束。大家都很高兴地把书合上，准备吃晚餐。其实，整本书有 50 多页，如果严格按照书的内容估计三四个小时也搞不完。萨利和布鲁斯说，他们并不是非常虔诚的宗教信徒，因此只略微走一下程序，并非十分严格。饶是如此，这个仪式还是给我留下了深刻印象。

我想起当今中国，年轻人还过传统节日吗？我们有很多具有文化内涵的传统，其中哪一个传统是有教材来指导进行的？犹太人最大的节日在秋天，秋收的季节，那算是他们的新年。通过每年这样的庆祝，历史与文化也在年轻一代中传承下去。

美国大约有 650 万犹太人。有人说，在美国不能说犹太人的坏话，因为，各行各业都有犹太人的势力。美国是一个以移民为主的国家，至今还没有犹太人成为美国总统，但是看看奥巴马，谁又能说犹太人以后一定没有机会呢？

在美国，犹太人的孩子每天下午放学之后，一周通常有三天时间去犹太人的教堂学校上犹太课程，学希伯来语和犹太历史。萨利就是在这样的教堂学校兼职。

我问布鲁斯，世界上读书最多的民族是犹太民族，平均每周读一本书，是否属实？布鲁斯想了想说，我就是这样的。不过现在懒了，更多的时候在网上阅读。据我观察，布鲁斯的确是非常喜欢读书的。当然，他大部分时间都坐在电脑前，但从来不玩游戏，不逛购物网站，不聊天，不看不健康的信息，经常做的是看 TED（科技、娱乐、设计）的视频演讲，查维基百科的资料。

我又被上了一课。在美国这样一个高度资本主义的国家，我体验到了信仰的力量。我们的信仰何时可以重新树立起来？

（《向美国学教育》，第 9—11 页）

万玮老师参加了这样一个犹太人的宗教仪式，想到的是信仰问题，我对信仰问题兴趣不太大，更关心的是读书问题。我看见犹太人在节日里一人拿一本书,感觉很有趣,立刻把我们传统的节日全都认真想了一遍,发现从春节到端午节,我们没有一个节日里有大家都读书的仪式,自古就没有。我们的节日,最重要的仪式是祭拜,然后就是吃和玩,反正想不起读书来。这是怎么一回事?我们中华民族不是号称世界上最重视教育(与犹太民族并驾齐驱)的民族吗?我想原因可能是这样的:我们所谓的重视读书,指的是重视逼后代读书,而不是自己读书,我们是把读书看作一种手段("学而优则仕""书中自有黄金屋,书中自有颜如玉"),而非一种生活方式,而且我们其实是把读书看作少数人的事情,不是每个人的必修课。所以我们的成年人,多数并没有什么读书的热情,进入互联网时代,读书的人更少了。你在车站、机场会看到很多青年人捧着手机玩游戏或发短信,他们没有耐心读整本的书。我们普及了教育,几乎人人识字,却培养出大批识字不读书的人。我们的教育过于功利了。犹太人平均每人每周读一本书,不可能都是为了功利,单纯为了功利,无法这样坚持。这是一种习惯,一种精神世界的需要,就像每天需要吃饭一样。培养出这样的习惯,才是教育的真正成功。而我们学校的教学,却为学生将来不读书准备了心理条件。

2013 年 7 月 31 日

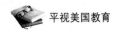

4. 欲望与现实

今天一对一的私人课程中，老师纳塔列和我讨论了一篇文章，讲的是美国的阿米什人。

我从来没听说过居然有这样一类人，总数有25万多，主要生活在美国宾州境内和加拿大，被包围在高度现代化的社会丛林中，竟然以一种100多年前的原始方式生活。

也就是说，他们不接受任何现代化的科学技术。他们用油灯，乘马车，耕田种菜。几乎所有的工具都是手工制作。他们的孩子通常只读到高中就不再读书，而是开始学一些手工技术，且都是在自己办的学校里，极少上大学。如果读一定是去外面的大学，而不是阿米什人自己的大学。当然，阿米什人这种生活方式，使他们不可能有自己的大学。可以想象的是，如果有阿米什的孩子出去读大学，再重新回到那样的生活方式中就很困难了。纳塔列告诉我，阿米什人中的年轻人现在已经有了选择的机会，但是只有一年的时间考虑。如果他们选择进入现代社会，那么，就与原来的家庭和部落断绝关系。我想，如果我是阿米什人的孩子，我会做什么样的决定呢？

我问纳塔列，开放是这个世界的主流，阿米什人为什么要把自己封闭起来？他们的生活哲学又是什么？

纳塔列说，也许是为了保持他们这个种族的纯洁本性不被现代社会污染。例如，农业完全手工化，生产规模就不会扩大，也就不会出现兼并、寡头这样的事情，现代工业就不会产生。再说，没有工业也不见得完全是坏事啊。阿米什人生活在自己的世界里，大家相亲相爱，贫富差距不大，可能会被认为无知、愚昧了一点，不过其乐融融，也少了很多罪恶和邪念。

由于阿米什人与现代社会的反差实在太大，反而有很多人想要去了解他们的生活。不过，阿米什人并不很欢迎被开放。我们去云南、贵州时，少数民族女孩刚和一个游客玩过拜堂进洞房的游戏，人民币到手之后转身就拿出手机给自己真正的男朋友发短信。有一年我去青海支教，发现那里的教师用的手机比我的还先进。阿米什人即便接受游客来访，也依然保持本色，不会为现代社会而改变什么。电肯定没有，电器更不用说。手机？不可能用。

在这个世界趋于大同的情况下，我突然很佩服阿米什人的这种特立独行的坚持。开放是一种精神，可如果开放让人失去本性，开放也许就是一场灾难。谁又能说这样的封闭没有生命力？如果世界都变得一样，或许才是真的危机。

（《向美国学教育》，第23—24页）

万玮老师谈的是坚守与改变的关系、封闭与开放的关系，我换一个视角，谈谈欲望与现实的关系。

人不可能没有欲望。即使是提倡消灭欲望的高僧，也总要维持最起码的生存条件，没有欲望就和非生物差不多了。但是欲望与现实是有矛盾的，有时还相当尖锐。无数经验证明，人的欲望只有与现实达到某种动态的平衡，人才能生活得幸福或比较幸福，否则就很悲催。

而要达到这种平衡，有两条思路。一条是想尽办法努力满足自己的欲望，还有一条是克制欲望，降低期望值，这两条思路都能帮助人达到心理平衡。

自古以来多数人采用的是第一条思路，这是进取的思路，发展科学技术，发展商品经济，想出各种花招来享受。而万老师所说的阿米什人采用的是第二条思路，保守的思路，控制欲望，降低物质需求方面的期望值，拒绝现代化，这与我国圣人老子的思想很接近。可以想象，如果全人类自古就采用老子这种思路生活，今天就不会有电视、手机、汽车、飞机这些劳什子，而整个人类也未必不如今天幸福。桃花源中人，你能说他们不幸福吗？进步是一把双刃剑，它在满足我们需求的同时，也刺激了我们贪婪

的欲望。人类确实是太贪婪了，欲望与现实大大失衡，地球已经无法承受人类无止境的奢侈。如果人类还不醒悟，总有一天会毁于自身的堕落。我看人类总体上是不会按老子的思路走的，阿米什人、桃花源中人，从来就是极少数，今后也不会多。因此唯一的希望是，你可以有欲望，但你最好悠着点，稍微理智点，这样，或许人类在宇宙间还能多存在一段时间。上帝叫谁灭亡，必先叫谁猖狂，你看某些贪官、阔佬、富婆和"大师"们的所作所为，就知道这句话多么正确。有一句东北话说得更生动，叫作"没日子作（第一声）了"。

上面说的是全人类。具体到某一个人，道理是一样的。一个人的欲望与他的现实处境之间差距越大，他就越痛苦，反之，他就比较幸福。比如我的欲望是一年挣 10 万元，则只要我能挣到 9 万元，我就比较满意了。但如果我的欲望是一年挣 1000 万，则挣到 90 万元，我也会痛苦万分。这就叫"心理相对论"，所谓"境由心造"，就是这个意思，就是说你的处境好不好，在很大程度上是由你自己"心造"的。有些人活得很快乐，但在他人看来，他们的生活条件一点也不让人羡慕，有的还是残疾人，似乎根本不具备快乐的资本。而有的人几乎具备了他人羡慕的所有资本，金钱、名誉、地位、外貌，他什么都有了，就是没有幸福。为什么？因为他的欲望飞得更远，像断了线的风筝。有了千田想万田，做了皇帝要成仙。

一个教师的业务进步情况也是如此。人家才高八斗，我连三斗都不满，我也照样可以活得快乐。我有三斗才，我干三斗的事情，得三斗的收获，不就行了吗？据说不想当将军的士兵不是好士兵，要我说，想当将军的士兵如果坚持不改初衷，极少数人或许能如愿，多数人则会成为精神病。幸亏多数人没那么死心眼，当不上将军也就算了，照样快乐。这些人中有的或许因此失去了当将军的机会，但是多数人毕竟保住了自己的心理健康。有自知之明才有快乐和幸福，知己知彼才能达到心理平衡。

可是我这样说话，一定会遭到有些人的痛斥。他们会说："别人能做到的，我为什么不能做到？别人能享受的，凭什么你不让我享受？你鼓吹克制，自己为什么每月还去领退休金？你喝西北风活着，岂不更低碳环保？"遇到这样的对话者，我就只能说："对不起，我这些俗人之见本不配说给您听，您不巧听到了我的发言，纯属误会。再见！您好走！"

2013 年 8 月 9 日

5. 海豚训练术

　　波士顿英语学院的教材上有一篇文章很有意思，讲海豚的训练术。当海豚做出错误的反应时，海豚训练师总是视而不见，没有任何表示。当海豚做出正确的反应时，哪怕只有一点点，训练师总是给予奖励。这几乎是所有动物训练师的基本训练技巧。

　　文章的作者是一位女性，她对丈夫在家里的表现很不满意，偶然一天学到这个技巧，于是用它来训练丈夫。如果他把一件脏衬衫扔进篮子里，她便立刻感谢他；如果他把袜子也扔进去，那就直接亲他……他钥匙找不到了，冲着在厨房里洗碗的她大喊大叫。换作以往，她会一边跟他四处找，一边抱怨他的坏习惯。这次，她选择的态度是沉默——继续洗碗，一句话不说，对于丈夫的咆哮听而不闻，视而不见。

　　我突然想到了安娜（波士顿英语学院的老师）。谁说她没有教学技巧？至少这个源自驯兽师的教育技巧，她就掌握得很好。

（《向美国学教育》，第45页）

　　我国所谓"赏识教育"的思路与此类似，我只管赏识孩子的优点，孩子就进步了，看来这个办法还是从驯兽师那里学来的。然而这岂不是把人当成动物了吗？是的，人本来也是动物，教育方法自然与驯兽法可以相通。

　　这个办法虽然可能有效，但是它忽略了重要的一点——海豚没有班集体，训练海豚是一对一的行为。教师如果对学生进行个别教学，完全可以更多地采用这种教法：你有错，我忽略；你做对了，我就肯定。然而在一个教学班里，教师再这么做就会遇到困难，因为某个学生做错的事情是会影响别人的，如不纠正，会影响正常教学，于是"海豚训练术"就无法贯彻到底了。而且说到底，人有自我意识，有理智，有感情，可以用更高级的"动之以情，晓之以理"之法来教育孩子，就不应停留在"海豚训练术"的"初级阶段"。

不过，人虽然超越了动物，毕竟还是动物，所以动物训练法对人类教育仍有可借鉴之处。其实，行为主义的教育与训练动物是很接近的，至今仍有强大的生命力，不可完全否定。我的想法是，学生做错了事，如果没有影响集体，如果没有危险，如果不是当务之急，教师确实可以"装作没看见"，等他在同样的事情上做对的时候再表扬，这就是所谓的"正面引导"。我一向反对"见错就管"，正是这个道理。有的老师每天盯着学生的大大小小的错误，成为"挑错专家"，甚至学生做对了反而看不见，专等学生犯错时出手，这种教育方式就连"海豚训练术"都不如了。而我们的精细化的评比（以挑错为己任），干的正是这种低于"海豚训练术"的事情。

2013 年 8 月 25 日

【海蓝蓝 6384（K12 班风小论坛）】

丹尼尔·卡尼曼在他的《思考，快与慢》一书中说，他曾在以色列讲授关于高效训练的心理学课程，提到关于技能训练的一大原则——对良好表现的嘉奖比对错误的惩罚更有效。不管是对鸽子、老鼠、人还是其他动物的研究，都给这个说法提供了证据。但在授课即将结束的时候，一位教练发表意见，他首先肯定了奖励对鸟确实管用，但他认为这不是训练飞行员的最佳选择。他认为在很多情况下，他会赞许那些完美的特级飞行动作。不过，下一次这些飞行员尝试做同样的飞行动作时，通常会表现得差一些。相反，对那些没执行好飞行动作的学员他会大声怒吼，但他们基本上都会在下一次表现得更好。所以别告诉他嘉奖有用而惩罚没用，因为事实恰恰相反。

丹尼尔·卡尼曼忽然意识到这是一个重大的发现：这位教练是正确的，

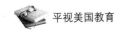

他的观察是非常仔细的，但也是错误的，但是就他的推断结论而言，奖励和惩罚之间是毫无关系的，他所观察到的就是众所周知的"回归平均值"现象，这种现象与表现质量的随机波动相关。一般来说，学员的表现只有远远超出平均值时才能得到这位教练的肯定。也许学员在某次训练中恰好表现得很好，而后又变差了，也可能在某次训练中表现不好而招致教练的大声怒吼，因此接下来的进步和教练的怒吼也没什么关系。教练把不可避免的随机波动与因果解释联系起来了。

但是教练对"回归平均值"的数学阐述并没有什么兴趣，于是丹尼尔·卡尼曼又做了一个实验来说明这个道理。他在地上画了一个靶子，让教练们背过身去往靶子里扔两枚钱币，他测量了钱币到靶子的距离，发现第一次扔得好的人第二次大多扔不好，而第一次扔得不好的人，第二次大多扔得好。他告诉教练，这些数据和飞行员飞行的表现一致：好的会变得糟糕，而糟糕的会变得好。这和奖励与惩罚是没有关系的。

我们常发现教师表扬某些学生的行为，大多是在他们表现很糟糕之后的某次行为做得比较好，但随后学生的表现又回归到平均值，这样往复的行为经常发生。有些老师和教练一样认为奖励无效，除非惩罚，但随着惩罚次数的增加，学生的行为又回归到平均值了，而且有时还会变得更糟糕，似乎把初始惩罚带来的效果也平均下去了。这个时候，有的老师可能会认为惩罚也无用了，于是丧失了耐心，最后放弃了学生。

【王晓春读后】

海蓝蓝6384老师提供的这个材料是要证明：表扬也好，批评、惩罚也好，对人的行为事实上没有影响，人的行为变化与正强化和负强化无关。这就把传统的行为主义教育思路彻底颠覆了，甚至把教育本身也在相当程度上颠覆了——你瞎表扬，乱批评，实际都是在做无用功，有时简直是在干扰他人学习。

我觉得这种看法不是乱说的。我就常常发现有的老师在总结经验时说赏识或者惩罚起的作用是经不起推敲的，学生的变化另有原因，或者原因没那么简单。但是我们能因此断定表扬或批评之类的毫无用处吗？恐怕也不能这样。恰到好处的表扬和批评，还是非常有力的教育武器。我们每个人可能都有永生不忘的被人表扬和批评的记忆，这就证明它们对人是有深刻影响的。

但无论如何，我们得感谢丹尼尔·卡尼曼的思考。他的结论或许有片面性，但经验告诉我们，深刻的思想通常会带有片面性，思想家往一个方向猛挖，挖得太深了，其他方面自然难以照顾，于是给人的感觉就是片面的了。不过在我看来，深刻的片面总比四平八稳的全面的平庸要好一些。当然，这是从给人思想启迪的角度说的，不是要一味地赞美其片面性。我想，这种见解给教师最大的启发是，不要轻易把自己做的事情（例如表扬或批评）与其结果看成必然的因果关系，而要多几个心眼。成功了，教师要谨慎地认定到底学生的进步与自己的哪些工作有关；失败了，也不要立刻否定自己的全部工作。这个世界是复杂的，我们的头脑也要复杂一点，否则我们就难免有意无意地把自己给骗了。

2013 年 8 月 31 日

6. 我国素质教育为什么推不动

纽约州这几年开始学习中国，在许多学科中推行标准化测试，并以此为依据之一，对学校和教师进行考核。大部分学校积极行动起来，每年在考试前花好几周的时间集中进行应试教学，做标准化的试卷，教师讲解、订正，反复训练。汤姆（斯卡斯代尔高中的历史老师——王晓春注）觉得这很荒谬，他说，如果学校让他这么做，他一定会拒绝。幸运的是，斯卡斯代尔社区的家长开会讨论，一致觉得学校不能这么做，他们希望学校教会孩子思考，而不是做题。于是斯卡斯代尔高中的教学丝毫没受影响，教师该讲什么讲什么，一点不理会考试。但是学生去参加考试，依然获得很不错的成绩。

（《向美国学教育》，第95页）

可以看出，应试教育在斯卡斯代尔高中推不动，与素质教育在我国推不动，原因是一样的——教师和家长抵制。所以，事情的本质是，有什么样的文化传统，有什么样的社会风气，有什么样的家长和教师，就有什么样的教育。应试教育也好，素质教育也好，表面上由政府掌控，根子都在民间。试想，如果我国的家长和教师中有三分之一的人抵制应试教育，如今的学校风气还是这个样子吗？不可能。我说过，其实，我们绝大多数的家长和教师，才是应试教育最坚强的支柱、最肥沃的土壤。从这个地方就能看出鲁迅先生改造国民性的看法有多么伟大了。你看书店里教辅材料的压倒性比例，你看课外辅导班的风起云涌，你看整个社会对中考、高考歇斯底里的重视态度，你看学生毕业后的谢师宴、考上大学的庆功宴，就知道我们目前的心态与古代科举考试时候没有多大区别。这绝不是简单地用人口压力和就业压力所能解释的。有这样的心态做基础，你怎么能奢望学校真搞素质教育？此事说来谁也没有责任，实际上谁都脱不了干系。因此要改变它，也就需要每个人从自己做起（教育主管部门当然责任更大），别再迷信考试和学历。但是你不要指望 10 年、20 年能够改变。新路是有的，但目前还不成路，只有"走的人多了"，才能成一条路。我这辈子是不可能看到素质教育全面实现的，但这并不妨碍我在力所能及的影响范围内和自己的家里面尽可能地减少应试教育的负面作用。

2013 年 9 月 2 日

7. 多媒体对教育的作用

　　中午吃饭时遇到格雷格，他问我上午数学课听得怎么样。格雷格是学校的 IT 教师兼电脑管理员，由于工作的关系，他对学校每一位教师都很了解，这两天我住在他家里受到很好的照顾。早晨他一直把我带到数学课的教室。我告诉他数学老师鲍勃很不错，微积分讲得很清楚，一点差错都没有。格雷格说鲍勃几乎从来不用多媒体设备，可是他的课上得确实很好。我补充说，英语课史蒂夫也没怎么用多媒体，今天一节课就坐在那里跟学生读书，可是这节课上得真是太好了。

　　所以，格雷格说，电子技术这东西，并不像那些公司宣传得那么有用。他们只想赚钱，而那些教育官员，常常被他们忽悠。

　　格雷格是学校里负责电子白板之类教具的教师，他居然认为这种东西并非想象得那么有用，这简直是在跟自己过不去嘛。

　　我很为格雷格的正直感动，赞同道：其实，最重要的，还是人。思想、情感、价值，这些东西永远存在，而技术，总会消亡。

（《向美国学教育》，第 66 页）

　　确实如此，教学设备的进步，只是带来了一些方便，未必能提高教师的素质，就好像一个青年配备了最新款的手机，并不能使他的精神世界上一个档次一样。孔子和苏格拉底都没用过多媒体，李白和杜甫也没用过电脑，这一点也不影响他们的价值。互联网也是这个道理，如今教师备课，只要从网上下载一个教案就行了，网上教案无数。这是好事还是坏事？很难说，决定在人，不在互联网。对一些老师，这是如虎添翼；对另一些老师，则是给懒人送去了一张床，只会使他越来越傻。此之谓"头脑外包"，把思考的任务包给别人了。那么自己的脑袋里装些什么？天知道。由此也可以看出，我们有些教学评价方案里，硬把使用多媒体算作一个标准，你上课不用多媒体，就算不得好课，就要扣你几分，这是多么可笑。

2013 年 9 月 5 日

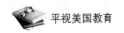

8. 美国大学的堕落

几名数学老师在那里聊天，我竖起耳朵听，原来他们是在抱怨学生学业水平低下。光头老师亚当突然问我，在中国，如果学生数学跟不上怎么办？

我告诉他，所有的学生初中毕业都要参加统一考试，通过后才能升入高中。进入高中之后，国家有统一的课程标准，这个标准是人人都必须达到的。

如果有学生有困难怎么办？

有困难也得学。我说，他就得在课后多花时间，多做练习，或者请家教，晚上、周末补课。不过，现在总体趋势是，课程的难度还是有所降低。

那些不能升入高中的学生呢？亚当接着问。

可以去职业学校。那些学校门槛很低，只要你想读，总是可以的。而且很多职业学校都和企业有合作，学生毕业之后可以直接工作，我觉得其实也挺好。

我们美国几乎没什么职业学校，理论上每个人都得高中毕业。

中国也是一样的，大多数中国家长都希望孩子读高中，不愿读职业学校，结果造成现在很多学生大学毕业找不到工作；而另一方面，技术工人又很短缺，有时候，企业给熟练的技术工人开出的薪水比大学毕业生要高得多。我想，将来中国会有越来越多的人去读职业学校的。

几位美国老师七嘴八舌地聊开了。

与中国类似的是，若干年以前，在美国，高中毕业文凭很值钱，可以找到很好的工作。慢慢地，读大学的人越来越多，仅有高中文凭已经不够了。金融危机爆发之后，大家突然发现，本科文凭还没有以前的高中文凭有用，于是，越来越多的人去读研究生。与此同时，大学的学费居高不下，且越来越高。

在美国，只要你拿到高中毕业文凭，都可以读大学。一位老年女教师告诉我，一些社区大学没有入学标准，对那些想读大学的人敞开大门。只是进校之后，学生需要做一个测试。测试结果出来之后，大学老师发现，几乎所有人都不能通过。即使这个测试已经不能再容易了。

光头老师拿出一份数学试卷给我看，这是相当于美国高中毕业水平的测试题。100道选择题，大部分相当于我国上海7至8年级的数学水平，65分及格。光头老师亚当告诉我，65分不是指答对65道题，而是只要答对其中的三分之一也就是大约33道题就够了。说着，他给我看另一份给学生算分数的表格，最后得分65下面画了一条粗线，表示这是及格线，左边的原始分数赫然是33！亚当说，斯卡斯代尔高中的学生通过当然是没有问题的，可是在纽约市区，那就难说了。斯卡斯代尔高中在美国是非常高端的学校，其他很多学校水平低得吓人。

那些学生没通过大学进校之后的测试怎么办？我问。

学校把他们组织起来，给他们开设高中的课程，从头开始教。并且告诉他们，只有通过这个测试，才能开始大学的学业。结果呢？学了几个月，一大半人还是通不过，于是就不能读大学。这简直是浪费时间嘛！老年女教师感叹说，美国的顶尖大学，像哈佛、耶鲁，当然质量是很高的，可是还有一些低端的大学，已经基本上失控了！

我看着她，等着她说下去，想知道大学怎么个失控法。

他们收很高的学费，然后不管学生程度怎么样，最后都发文凭。这些大学通常学费都很贵，他们只顾赚钱，这也是造成现在本科文凭不值钱的原因。你以为那些老板会招一个什么都

不懂的本科学生吗？

她一边摇头一边叹气，去年，我侄女高中毕业，收到一所大学寄来的招生广告，我震惊了。广告宣传的重点竟然不是学校的学术水平，而是学校的设备舒适程度，宿舍里都装电视，而且24小时都可以看！这还像大学吗？

我听了也很吃惊，资本主义大学果然不像话。我们的有些大学也很堕落，但是好像还没有堕落到以宾馆化的学生宿舍来招生。当然，也要看到，美国也有很多好大学，我们在有限的时间内好像还无法赶上。

（《向美国学教育》，第98-99页）

可见美国的教育体制问题也不小，难怪美国人老是嚷教育要改革。我感觉美国的教育体制不如德国和瑞士，德国、瑞士至少一半的孩子上完高中就不再读大学了，去上技校，效果很好。

另外，教育商业化、市场化，恐怕不行，尤其是基础教育，一旦与金钱挂钩，就会迅速两极分化。教育这个事和整个社会的发展是一个道理，过分强调自由就会两极分化，过分强调公平则容易压抑创造性，要找到其间的平衡，是个永恒的课题，谁也不要以为自己已经把这个问题彻底解决了。

2013年9月15日

9. "永久牌"与"飞鸽牌"

这周的布鲁克莱恩社区报《布鲁克莱恩选项卡》来了，我快速浏览了一下……第三条新闻报道的是一所德里斯科尔学校喜迎百年校庆的消息。现任校长已经在这个位置上干了30年，真是一个传奇。更令人惊奇的是，在这所学校的百年历史上，一共只有6位校长。做教育是一件必须静心的事，只有踏踏实实地待在那里10年、20年才能真正做一点事。看看我们中国的学校，包括那些百年学校，搞校庆的时候，历任校长必是一串长长的名单。这就是浮躁。

（《向美国学教育》，第111-112页）

我说过，当年一个学校靠校长和名师出名，现在反过来了，校长和教师靠名校的招牌立足。比如，今天还有多少人知道某名牌大学校长叫什么？但是很多名牌大学无人不知，无人不晓。名牌中小学也是如此，校长换得像走马灯一样，铁打的营盘流水的兵，最后人们只记得营盘了。说得难听点，我们现在有不少校长和名师是沾了学校牌子的光，这其实和傍大款有些神似。

那些离职的校长、教师到哪里去了？教师当了主任、校长，校长当了局长、处长或者其他什么长，多数不再从事教学工作了。我对这件事并不笼统地持反对态度，有些校长、教师确有行政才干，去当官对国家也有好处，教育界给其他行业输送一些人才也有合理之处。但是我认为，中小学校长的骨干和基石，中小学教师的骨干和基石，应该是那些准备一辈子干教育的人。历史的经验证明，这样对国家有利。为什么？因为教育是慢功，所谓"百年树人"，这个行业要求从业者非常沉稳和从容，眼光一定要很长远，如果打算"干一阵就走"，他是不可能有此种心态的。我见到有的校长提的口号"一年一小变，三年一大变"，一看就不像教育者，而

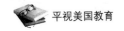

像一个官员，真正的教育者不是这样思考问题的。我们需要相当一批终生从事教育的校长和教师，尤其是校长。在这个浮躁的时代，矢志不渝做教师的人可能并不多，矢志不渝做校长的人就更少了，环顾校园，到处都是"近视眼"，于是真正的教育就越来越稀少了。教师培训固然重要，校长培训更重要。应该着力发现"永久牌"的校长，重点培训他们；至于那些"飞鸽牌"的校长，不要对他们抱太大希望。真正的教育是终生校长和教师支撑的，教育局局长、厅长等行政官员，不像人们想的那么重要。

2013 年 9 月 16 日

10. 青少年的特征

在萨利家偶然看到一本有关教育的小册子，讲的是如何指导青少年，于是借来看。书出版的年代有点早，1959 年，不过书中讲的一些原则在我看来今天依然适用。我在读的过程中颇有一些感慨，即当代中国教育工作者对于我们的工作对象——青少年的认识，不客气地说，落后美国人 50 年都不止。

…………

书中列举美国青少年的一些特征如下：

刚才还喜笑颜开，眼睛一眨就愁眉不展。

一方面对成人世界的严苛标准感觉十分敏锐；另一方面，又无比轻率，以至于我们怀疑他们的头脑中是否有严肃的概念。

有时会有一些深刻的颇有洞察力的想法让人吓一跳，而在另一件事情上的举动又是那么幼稚可笑。

对于成人的前后不一十分恼怒，却从来不想想自己其实更离谱。

总是想挣脱成人的束缚，但同时又希望有成人能在遇到困难时帮忙做决定。

对成人不理解自己这一点笃信无疑，同时又渴望被成人理解。

…………

用以上这些特征来对比我们的青少年，有哪一条是不吻合的？

（《向美国学教育》，第 113–114 页）

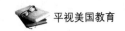

　　教育者观察青少年，切忌走两个极端：一个极端是把他们看成"不懂事的孩子"，一切都需要成年人来塑造；另一个极端是说他们满身都是优点，个个是天使。据我所知，美国也和中国一样，这两个极端的看法都存在。比如，我就曾经见过有留学生宣传他们从西方国家趸来的理念——"捍卫童年"。既然需要捍卫，那显然就都是优点了吧？教育者怎能捍卫孩子的缺点？如今在我国教育界台面上比较流行的观点是过分美化青少年，大家争相给学生唱赞歌，千方百计"赏识"他们，其实就是比赛给孩子拍马屁。这种看法肯定会遭到一些教师和家长的反对，因为我国自古以来对青少年的评价是很低的，不然为什么总是教训他们要"听老人言"？只是后一种意见目前在媒体上处于劣势，没有马屁声音那么响亮而已。

　　我对这两个极端都不赞成。我的意思是不要笼统地给青少年以正面或负面评价，而要老老实实地说，青少年既有长处，也有短处，而且要具体地分析其长处在哪里，短处是什么，予以恰当的回应。上述美国作者对青少年的分析，其思路我是赞成的，这是一种科学的、学术的态度。当然，在非专业、非学术的场合，比如社交场合，宣传的语境，挑好听的话说，多说正面的话，多唱赞歌，也是允许的，但是作为教师，在同行讨论教育问题的时候，你就不能用电视晚会主持人的煽情思路和语言来说话，也不能用普通百姓发牢骚的语言来说话，否则就会既忽悠了别人，也忽悠了自己。

2013 年 11 月 16 日

11. 创新能力与学科教学

我听了两节数学课，一节是十年级与十一年级的中等水平班，一节是十一年级的最高水平的班级，前者教的是三角比，后者教的是预备微积分、数列与函数的极限。

和在斯卡斯代尔高中的经历一样，数学课让我失望。说实话，这些课的教法就是应试，教师在课上讲完概念，就开始讲题。题目难度都不大，但教师依旧耐心讲题。由于学生程度和教师水平所限，我在这些课上几乎没有看到一点我想看到的创新能力。我得出结论：美国人的创新能力绝不是数学课教出来的。

由此类推：中国学生的创新能力也不是数学教师扼杀的。

推而广之，学生创新能力缺失不是哪一门学科的过错，而是整个体制的问题……通过在美国的考察和思索，我觉得中小学教育可承担 10% 的责任，而数学老师几乎没有什么责任，大学教育承担 40% 的责任，教育和社会体制承担 50% 的责任。其实，大家现在也都看得很清楚，中国大学的问题主要还是行政化，体制要大改革。

（《向美国学教育》，第 124—125 页）

创新是一件极其复杂的事情，万玮老师把它高度地简化了，这样讨论创新问题，怕是不妥。

万玮老师说："美国人的创新能力绝不是数学课教出来的。"那是当然，哪国学生的创新能力也不是某门课程教出来的。事实上，创新根本就不是任何人教出来的，创新是没有办法教的，它不属于课程的范围。有人以为设置一门"创新"课，就可以教会学生创新了，这只是笑话。

但是这不等于说教学与学生创新无关。教学肯定与学生的创新能力有

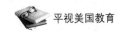

关，但是整体上有多大关系，具体到某个学生有多大关系，这是极其复杂的，很难说清，更难以量化。万玮老师认为学生创新与否和数学课无关，愚以为并非如此。任何课程，都可能在一定程度上对学生的创新能力起正面或负面作用。有天早上我陪孙子看电视，那个《大耳朵图图》的幼儿动画片，就已经开始渗透逻辑思维的教育了，这对孩子未来的创新，作用多半是正面的，因为逻辑思维是创新必备的能力。一方面，数学课对培养学生的科学精神很重要，对思维训练很重要。学生没有数学能力，未来要在科技方面有所创新几乎是不可能的。另一方面，数学课死板的灌输式教学、死板的标准答案，却也可能破坏学生的好奇心和批判思维能力，起到压抑创新能力发展的作用。各门课程都是这样的。

此事不但与课程有关，更与教师本人的创新素质有关。同样一门课，有的教师来教，对学生的创新能力培养就有利，若换一位教师，可能害处就会多一些。同是美国教师，我感觉雷夫老师的课就比较有利于学生创新能力的培养，因为他本人创新能力较强。创新能力虽然没法教，却是可以感染的。万玮老师认为我国学生创新能力差与体制有关，这当然有道理，但是不可绝对化，否则万玮老师就没有办法解释为什么他所见到的美国数学教师在与中国不同的教育体制下，教学还是如此缺乏创新。

其实，我们在更广阔的背景上观察，就会发现，创新不光与体制有关，还与文化有关，因为体制正是文化的产物。世界上有些民族的文化更注重守成，这种文化的创新冲动就相对较弱，这是很重要的，中华文化就有这种特点。还有，社会发展的需要，生产力发展的需要，甚至人际关系，都与创新有关。所有这些客观环境都在起作用，而且是综合着起作用，它的机制，几乎是没有办法搞清楚的。

我们再从创新者个人角度观察。为什么某个学生长大了成为创新者，而多数人不能？这就要看他的主观条件了。他需要有某些非智力因素支持创新，例如好奇心、敢于挑战权威的心态、百折不挠的意志，等等，还需要有智力因素的支持，如独立思考的能力、批判思维能力、必备的一些知识。他可能还需要有一些物质条件（例如实验室），甚至运气，才能实现创新。或许他还需要天分。这些条件，有的与学校教育有关，有的关系不大或者无关，因此创新能力这件事，学校根本没有办法"承包"下来，甭说中小学，就是大学，也不敢吹这个牛。创新具体到某个人，是一件可遇不可求的事情，作为教育者，我们只能努力研究哪些做法对培养学生的创新能力有利，努力实行之；哪些做法不利，因而竭力避免之，也就如此而已，当然此事也大有可为。创新不是个教学问题，把它教学化的企图是有害的，想在学校把对学生的创新能力培养弄得清清楚楚，以便量化管理和评估，这种思路就是错的。

2013 年 11 月 17 日

12. 谁能成为优秀教师

斯坦福大学的经济学家埃里克·汉努史克提议说，这么多年以来，大家一直讨论资金投入、班级规模、课程设置，最后大家发现其实最重要的还是教师素质。要改变美国在世界上学生学业水平落后的现状，只要做一件很简单的事：把全美国公立中小学学校的教师进行排名，然后把最后 6%～10% 的教师开除，顶替的教师水平无须太高，中等水平即可。

如果这么做的话，一个问题就会浮现出来：在招聘教师的时候，你怎么知道这个人会成为优秀教师，而那个人最后会成为倒数 10% 之内的教师？

一群学者，包括哈佛教育学院的经济学家托马斯·J.凯恩、达特茅斯学院的经济学家道格拉斯·斯泰格、美国发展中心的政策分析员罗伯特·戈登，一起做了一个研究：教师资格证以及硕士学位对教师是否有帮助。在美国，考这两样东西都非常贵。调查结果既出人意料也在情理之中——没有任何帮助。其相关程度跟技术人员预测谁今后会成为球星的测试一样，都是零。

可行的办法是，降低教师的录用标准，而不是提升。教师能力的衡量应该是在从事教学之后而不是之前衡量出来。也许只要有一张大学文凭和从事教育事业的意愿，就可以让他来尝试。所有的新教师需进入学徒教师体系，经过两三年的考核，大概可以从四个人中发现一个人真正适合做老师，另外三个人就请他们走人。一些金融机构对员工的招聘和选择实际上就是这么操作的，这样才能够发现真正的人才。

文章最后说，可是，在教育系统的实践中，依这种模式操作的可能性几乎为零。不要说家长是不是同意学校招聘这么多学徒教师拿他们的孩子做试验，教师工会会让你那么轻易地解雇教师？你倒试试看呢！

　　林书豪成为传奇之后，尼克斯队的主教练坦率地说，林书豪的训练并不突出，我也是迫不得已才用他的。可是……你知道，比赛和训练是两回事。

　　教师的问题同样如此。即便一个具备成为优秀教师潜质的人，在从事教育事业之后，是否进入一所合适的学校，遇到合适的领导与教师，教授合适的学科和年级，并最终激发出他内在的热情和潜能，都是一个未知数。

　　（《向美国学教育》，第134—135页）

　　这件事确实非常麻烦，不但很难办，连说清楚都不容易。我曾经给北京市海淀区的一些班主任讲过课，主持人告诉我，这些班主任有一半人的学历是研究生，可是这些老师所提的问题未见出色，我一点也没看出其"研究"性。高学历并不能保证一个人成为优秀教师，虽然提高学历也有必要。我们确实很难在一个人上学期间预测他能不能成为优秀教师，而人一旦走上讲台，又很难改换职业。这事似乎有点奇怪，有的老师经常抱怨地位低、挣钱少、不受重视、负担沉重，等等，可是这种老师却很少有跳槽的，真正说走就走的老师，反而不怎么埋怨。这就应了老百姓的一句话："褒贬是买主。"也就是说，抱怨者正是依赖者。当然，教师队伍也需要稳定性，频繁换老师对学生成长确实不利。

　　这可咋整？我想，师范生毕业之前，应该把实习时间拉长一点；非师范生入教育行业，见习时间也至少应该有一个学期，这样，他就可以从实践中大致知道自己是否适合干这行，然后决定去留。若已经走进了这个门，又不打算改行，那他就必须不断进修，至少也要保证自己能够胜任，至于能否做优秀教师，不要想太多，努力就是了。我见到有些"名师培训班""名校长工程"，那是商业炒作，不外行到相当水平，是干不出这种事的。你以为你能像制造香肠一样制造名师和名校长吗？

　　2013年11月18日

13. 即使在教学时，教师也应该是学习者

　　　　学生是空的容器，他们走进教室，教师负责把知识装到学生这个容器中，装满为止，然后放他们出去。这种教育观，利维坚决反对。

　　　　利维认为，教师首先是学习者。教师的主要作用和任务，是向学生展示学的过程，并以身垂范。在利维自己的教学经历中，那些最成功的项目教学反而是他事先最没有准备并且自身知之甚少的领域，由此，他便不得不和学生一起，面对一个未知的世界，从最基本的概念起开始探索。

　　　　　　　　　　　　　　　　　（《向美国学教育》，第185页）

　　请注意，教师首先是学习者，这种说法绝对不是谦虚，而是一种教学姿态，这种教学姿态正是我国教师自古以来就缺乏的。

　　孔子可以说是教师的祖师，至少是祖师之一。孔子是一个好学不倦的人，但是当他面对学生的时候，当他进入教学状态的时候，他的姿态并不是或者很少是个学习者，而是一个"教导者"，一个传达真理（传道）者。你从《论语》（《论语》可以看成孔子学生的课堂笔记）中的"子曰"的语气可以看出，那决不是和学生共同探索某个问题的姿态，甚至可以说，孔子有些"传达上级精神"的意思，而这个"上级"，就是他顶礼膜拜的周朝。孔子不只教学，连做学问的姿态都是"述而不作"。"述"的意思就是阐述，孔子自觉地把自己当成了一个"传达者"，像利维那种"和学生一起，面对一个未知的世界"的教学姿态，我在《论语》里没有见到。韩愈继承了孔子的这种教学姿态，他给教师下的定义是传道授业解惑者。"传道"也好，"授业"也好，"解惑"也好，显然都不是学习的姿态，而是"促使别人学习"的姿态。韩愈的意思决不是说教师不必好学，事实上，韩愈本人就是个孜孜不倦的学习者，"焚膏油以继晷，恒兀兀以穷年"，只不过韩愈和孔子一样，习惯于把教与学分开处理。也就是说，他们一旦面对学生，就要摆出一副"我给你传道，我给你授业，我给你解惑"的姿态了。可以看出，这正是中华文化师道尊严的遗传密码所在。这种基因使得教师在学生面前更像一个权威者和完成者（不惑），而不是一个探索者（无知才需要探索）。习惯于这种生活方式的人当然会缺乏探究意识和创新精神。于是你也就明白我们搞课改、提倡探究式教学为什么如此困难了。探究式教学的前提是把教师和学生放在同等"无知"的地位（利维老师就是这样），而这种教学姿态不但是我们的老师们从来没有体验过的，而且是从本能上就会加以抵制的，这与他们的文化基因相抵触了，面子上就过不去。于是你也就明白我为什么喜欢写读书笔记而且随时把它公之于众了。这是一种学习的姿态，我只是想和网友们一起讨论问题，我的文章与其说是反映了我的思维成果，不如说它记录了我的思考过程。我不向别人传达什么，只是告诉读者（无论他是同事还是学生），你看，我正在走路，已经走到这个地方了，如此而已。做一个表里如一的学习者，做一个不演戏的未完成的人，才是人生最大的乐趣。

2013 年 11 月 24 日

14. 探究式教学的位置

作为一名坚定的经验主义者，利维一直在思考，如何把教师要教学的内容和学生的经验建立联结。当学生有了自己的体验时，他们才会对一个概念真正理解。在这样的理念指导下，他的许多教学案例别具一格。

路易十六

一次上课讲到君主专制，利维便举了路易十六的例子。路易十六还是一个孩子的时候，就被要求一遍一遍地抄写下面这个段落："国王代表尊贵，国王的意志就是法律，国王不会犯错，国王可做一切。"利维要求学生理解，在这样的绝对权力的君主体制下，法国老百姓的生活会是怎样。

如何才能让学生有法国老百姓的这种体验呢？利维想到了一种叫作"四方方"的游戏。他让学生玩这个游戏，最后的胜利者就是国王，他来制定规则，他的意愿就是法律，他不会有错，他想怎样就怎样，班级里所有人都必须服从。这样学生就真真切切体会到了当权力集中在一个人手里时生活会是怎样。

公有制与私有制

学生在教室里需求最多的是铅笔。铅笔乱放是一个问题，利维征求学生该如何存放铅笔的意见。"我们是把所有的铅笔都放在一个盒子里，每个人想要用的时候去拿，还是每个人各自管好自己的铅笔呢？"利维问。经过一番讨论，学生们决定集体所有。对他们来说，集体所有听上去道德境界比较高一些。

于是所有的铅笔被放在一个盒子里，任何人都可以自由取用，但是规定用完之后要放回原位。没用多长时间，学生发现盒子里已经没有铅笔了。大家又开始讨论，觉得还是每个人各自保管自己的铅笔比较好。

公有制有问题，私有制也不完美。一天下午，两名学生争吵起来。"这是我的铅笔。"一名学生说。"绝对是我的。"另一名学生回答。私有制的问题彻底暴露出来。

城市温度

有一天，利维从波士顿出发去他家乡莱克星顿，一座位于波士顿西北角大约十英里之外的小镇。他出发时，波士顿的温度是华氏40度，到达莱克星顿后，发现那里的温度只有华氏30度。在课上，他举了这个例子，问学生为什么。

一名女生回答，那是因为波士顿距离赤道更近。

真是一个伟大的猜想！利维心想，但是他永远不会直接对一个错误的答案说不。他让全班同学查看地图，波士顿还真的比莱克星顿略微靠近一点赤道。为了让学生知道这么点距离不足以产生这么大的温差，利维找了一名学生志愿者和那名女生一起站到教室后面，然后请那名女生跨前一步。跨前一步的学生会先听到教师的讲话吗？他们做了好几次实验，证实并非如此。所以，波士顿为什么比莱克星顿暖和，还得另找答案。

在这样的教学氛围中，学生作为参与者进行思考，从观察到质疑、猜想、分析、验证，直到自己得出结论。长此以往，学生不但对这个世界充满好奇，而且不知不觉中养成了科学的思考问题的习惯。那些体验过的知识也长久留在头脑中，不会被遗忘。

（《向美国学教育》，第185-187页）

　　这里又是三个探究式教学的例子，说明探究式教学并不像想象得那么神秘和艰难，关键是教师有没有这个思路，是否朝这方面想。当然，这几个案例的具体内容值得进一步研究，比如，用铅笔的公有私有来说明两种所有制的差别就很不全面，要知道铅笔属于生活资料而非生产资料，生产资料归谁所有，其性质完全是另一样的。但这并不妨碍这种教学方式属于探究式，毕竟它是让学生自己体验和思考一件事情，而不是把现成的结论抛给学生，让他们去理解和记忆（所谓掌握）。探究式教学最大的优点是，它不但增长了学生的知识，而且提高了学生"获取知识的能力"，这个优点是通常的灌输式、传递式教学方法所不具备的。

　　有些人问："课能都这样上吗？什么知识都让学生自己体验和探究吗？"对这种问题，我觉得应该反问他："您上过这样的课吗？"如果一个老师根本就没有上过探究式的课，那他发出这样的疑问就没有什么意义，甚至可以说，他还不具备提这个问题的资格（当然，他有问的权利）。反之，如果他上过探究式的课，他反而不会问这种傻问题了，因为很显然，你不可能把所有的课都上成这样，用某种一刀切的教学方式上课，本来就是不合理的。每种教学方式都有利有弊，为了达到不同的教学目的，采用不同的教学方式，才是合理的。

　　我们来打一个比方。比如我说，恋爱是人生一种非常美好的体验，来了一位质疑者，问我："人能天天恋爱吗？还干点别的事不干？"遇到这种人（如果他是成年人），我就会问他："请问您恋爱过吗？"如果他没有恋爱过，我就什么也不跟他说了；如果他已经恋爱过，也无须我跟他说什么了。我们可以把教师经常用的灌输式、传递式的教学方法看成日常生活，或者包办婚姻，而把探究式教学方法比喻成自由恋爱。探究式教学相当于智力方面的恋爱，在这种教学活动中，学生是动情的，是主动的，他的智力处于空前活跃的积极状态，他不是"接受"了教师或书本给他的知识，而是自己探究和发现了某些知识，虽然这些知识可能是别人早已发现过的，但自己发现与被动接受他人的发现感觉完全不同，就好像吃自己亲手做的菜和吃别人做的菜感觉不同一样。你当然不可能独立发现人类所有的知识（疯子才会有这种念头），但是你起码应该独立发现过一点东西，拥有过这种感觉，否则你的智力历史就太可怜了，你的大脑就永远只是他人的停车位。就好像一个从来没有真正恋爱过的人，他的感情世界是令人同情的。

网友方老师2007说，2006年有三位教授在《教育心理学家》杂志发表了一项研究成果，结论是：在教育界建构主义式教学、发现式教学、探究式教学等方式曾经非常流行，学生通过这些教学方式对知识和技能的掌握，远远不如全面灌输式教学。他们证明了，假如老师对知识和技能进行全面、系统地讲授的话，学生的学习成效最好。发现式和探究式的教学法，只适用于在那个领域的"专家式"人物。

如果教学只以"掌握知识和技能"为目的，灌输式教学可能是最合适的，同样道理，教学若只以应试为目的，对大多数教师来说，"题海战术"也可能是最佳选择。问题的关键在于，教学不能以"掌握知识和技能"为唯一目的或主要目的，教学也不应以应试为唯一目的或主要目的。比"掌握知识和技能"更重要的事情是学生的提出问题、分析问题、解决问题的真本领，比应试更重要的是创新能力，而传统的教学方式在这些方面基本上无能为力，探究式教学恰好能弥补之。

于是你就能明白探究式教学在教学中的位置了：并不是要让它一统天下，它只是应该被提倡的和不可或缺的，至于这种方式在个人教学中占多大比例，那就看课程内容和教师的水平了。总的说来，探究式教学占的比例越大，对教师的素养要求越高。

2013 年 11 月 26 日

【一阵风990（K12班风小论坛）】

我的理解是，探究式教学是教育必不可少的组成部分，它可能暂时还不太适应现在的考试制度，目前的考试方式也考不出学生探究能力的高下，但从长远看，它对提高学生的素质还是有必要的。

利维老师的三个教学案例都是探究式的，给我印象最深刻的是慢，太

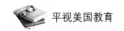

慢了，他似乎从来就不着急。反过来再看我们，急，太着急了。教育是要慢还是要快？好像应该是慢。为什么我们那么着急呢？因为当前的社会比较急功近利，有些老师也不例外。再说深点，有些老师太过于心浮气躁，太过于短视。好在王老师提醒了我们，还可以在自己力所能及的范围内，在较小的范围内做一下探究实践，这肯定是可以的。只是我不能像利维老师那样做，现实条件也不允许，但至少我可以这样试一下。

【海蓝蓝 6384（K12 班风小论坛）】

我儿子在有星星的晚上常常拿出望远镜看星座，然后上网查相关资料。他希望上大学能读天文系，他的这些探究行为对考试没有多大的帮助——但我们至少能做到不让孩子的好奇心完全丧失，当然，我们对待学生也应尽可能如此。为什么教师培训时不采取讨论式教学法，甚至都不给学员提问的机会，恐怕有一个难言之隐，那就是这种讨论式的教学方式对老师的要求很高。

【一阵风 990（K12 班风小论坛）】

海蓝蓝 6384 老师言之有理，现实确有这样的情况。如果只从方向上来看，国家需要探究性人才，我们要做这样的工作——适时地把一些新的理念，比如探究学习的理念从中小学开始就教给学生，这也算是学习方法之一，至少让学生从小就知道，知识除了来自老师的传授外，还能自己去发现，去探索。现在才知道原来外国老师从小学开始就教学生探究，这么多年的教育结果是他们教出的学生探究能力很强，创新意识很强，而我们从这个方面来说就落后了。所以尽管从现实层面来看，探究的思想并不一定有利于学生升学，但我们根据自己的理解依然想把它的优势发挥一下，让它闪一次光。能照亮几个灵魂就不归我们管了，但我们要试着适时地去做一下，而且还要像利维一样做好，这就是我的态度。

15. 教育形象不佳，这是常态

中国基础教育这几年形象不佳，负面新闻不断。尽管教育从业者也做了很大努力，短时间内看起来根本无法翻身。到美国一看，他们的情况比我们好不了多少。

哈佛所在的麻省对中小学进行标准化考试，然后根据成绩进行评估，不少学校成为最后一档。最后一档的学校的确很糟糕，我在波士顿大学学习时同班一位学员在网络讨论时说，她去年进了一所学校，惊讶地发现几乎所有教师都在抱怨，工作态度也不端正，学生自然一塌糊涂。在标准化考试连续惨不忍睹之后，被学区实行"革新计划"，学校一半老师连同校长被炒掉。新来的教师精神面貌完全不同，学校气象焕然一新。教师状态的改变很快影响了学生。今年，学生进步极大，成为州政府教育改革成功的典范。

在美国这样一个有时甚至有些过度强调员工利益的国家，能够对一所学校进行如此高比例的换血，一方面说明情况确实已经太糟糕，另一方面也表明了政府壮士断腕的改革决心。因为在美国，工会的力量十分强大。不要说解聘这么多员工，有的时候就是解聘一名员工，校长也会折腾半天，最后还不一定成功。

（《向美国学教育》，第212—213页）

照目前的状况，美国学校学生学业水平的测评只会加强，标准化考核还将进一步深化，与此同时，各种成绩分析的软件和教程也开始涌现，一些我国盛产的格式化的"五步""八法"之类的东西竟然也在美国开始流行。看来，一旦以追逐成绩为目标，美国人也会落入俗套。

美国教育何去何从？在变革的浪潮中，我感觉似乎大家都迷失了方向。

（《向美国学教育》，第214—215页）

据我所知，自从世界上出现了学校这种机构之后，它就从来没有让社会满意过，中国是这样，外国大概也是这样。为什么？因为学校承载了社会对它的过分的要求，它不幸挑起了卸不下的重担。实际上，家长和社会对学校的期望值往往是脱离实际的，而家长和社会对教育的追责往往是苛责的，可是学校很难申辩，因为这个责任是模糊的。学校因此还要承担某种"社会出气筒"的角色，人们的道德滑坡赖学校，成人素质不高赖学校，生产上不去赖学校（劳动力素质不高），缺乏创新也赖学校，什么都赖学校。这种话你还真不能不让人家说，因为这些确实与学校教育有关，至于有多大相关性，很难说清，这是无法量化的。既然如此，作为教育者，我们就应该把心态放平——言者无罪，闻者足戒，有则改之，无则加勉，就行了。不要总做出一副刚挨完打，屁股还在隐隐作痛的苦相，反正你怎么做别人也不会满意的，我们要习惯于在不满声中寻找快乐就是了。

再一个，美国基础教育正在向应试方向摆动，这一点很值得注意。我国有些老师一听到这个消息就欣喜若狂，以为这证明自己一贯正确，我想这是很可笑的。美国教育向应试方面摆动，一方面说明应试确实有它不可替代的作用，淡化应试不可过火；另一方面也说明美国人是善于学习的。他们基础教育的大气候与我们不同，他们适当向应试方向摆动并不会改变其教育的基本特点，只能使其教育更趋合理。一个人，当别人学习你的优点的时候，你要头脑清醒，要赶快也学人家的优点，否则很快就会落后，更不用说你原来也未必比人家强。如果一个人听到别人向他学习就做陶醉状，越看自己越顺眼，则其未来可想而知。一个人如此，一个国家、一个民族，也是如此。中华民族自鸦片战争被人打败至今，变化之所以如此神速，关键在于我们善于学习，我们必须发扬这个优点。当然，学习他人不要弄到失去自我的程度（比如，美国教育虽然学习中国应试的某些做法，但不会出现中国这样的应试狂潮），这种错误，我想多数中国人是不会犯的，因为我们有几千年的历史，地基在那儿呢。

2013 年 11 月 29 日

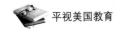

16. 美国教师也埋怨体制

小组讨论时，多位校长提到，美国学校当今"为考而教"的倾向。州政府加强标准化考试测评力度之后，学校和教师的压力骤增。一位校长说，用标准化分数来评估不是不可以，但是现在整个教育的体系，根本就不配套，凭空多出来这样一个测评，让学校怎么办？

这位校长的苦衷我极其理解。这就如同多年之前，我国教育界提出的素质教育的口号。素质教育不是不能提，但是整个教育的体系，还是一考定终身，学校、区县还是紧抓升学率不放，素质教育怎么弄？注定带来混乱。

（《向美国学教育》，第214页）

这种情况真是很有趣。中国搞素质教育，有的老师埋怨道，体制是应试体制，让我们怎么搞素质教育？美国强化应试，有的老师则埋怨道，体制不是应试体制，让我们怎么搞好测评？你看，中美两国的教师面临的变革是不同的，甚至是相反的，但是他们的反应却是出奇一致，他们的思维方式完全相同——都想让体制解决自己面临的问题。这当然有一定的道理，但这毕竟是"体制万能论"，其实，体制并没有人们想象得有那么大的威力。我认为美国老师（还是校长）的这种埋怨比中国有的老师的埋怨更不靠谱。因为据我所知，美国的教育体制比中国的要宽松一些，教师的主体性得到了更多的尊重，在那种体制下搞应试教育障碍并不大。相反，在我国，由于教育严重的行政化，落实素质教育，即使教师真有这个水平，也是困难重重。美国的优秀教师雷夫，他教的学生应试成绩出类拔萃，在我印象里他抓应试并没有遇到阻力，倒是他搞一些活动受到了限制。总而言之，素质教育搞不好埋怨体制还说得过去，应试成绩不佳也来埋怨体制，这就说不过去了。这说明美国可能有很多老师业务水平并不咋地，难怪万玮老师说，据他观察，美国的多数老师其实很平庸，但是他们的优秀老师确实非常优秀。美国情况我不敢说，中国的情况我有点看法，据我观察，中国的某些优秀教师（名师）并不高明，主要是没有自己独立的教育思想，有的人还染上了官气。

2013 年 12 月 1 日

【东风吹落星（K12 班风小论坛）】

其实，出现这种情况的唯一基础，就是他们没有被炒鱿鱼的后顾之忧。

我在私立学校上班的时候，校长跟我们说："你爱抱怨谁就抱怨谁，但只要你不行，就请走人。不过，我们会提前一个学期通知你，让你去找新工作的。"

你唯一的应对办法，就是努力干活，努力干活的回报是工资越来越高。你抱怨？行啊，你的工资可能会为零。你就找不黑的乌鸦去吧！

【海蓝蓝 6384（K12 班风小论坛）】

吃大锅饭越严重的行业，这种问题恐怕就越严重吧，连"锅"都没有的私营老板们知道，发牢骚要不来米，哪怕乞讨也比发牢骚顶用。

【王晓春读后】

我觉得海蓝蓝 6384 老师和东风吹落星老师的话很有道理，虽然有点不中听。我常说，埋怨的本质其实是依赖，爱埋怨是自身主体性不强的表现，他想让别人解决他自己的问题，解决不了就把责任往外推。虽然他们埋怨的具体内容可能确有道理，但这种人难有出息。世界总是不完美的，要埋怨，材料多的是。

2013 年 12 月 2 日

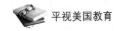

【一阵风990（K12班风小论坛）】

我们的职责是教书，但一会儿要对这个负责，一会儿要对那个负责，有种被牵着走的感觉，很少能按自己的意愿做事，自然会报怨领导或制度。长期的被动做事使我们养成了一种坏习惯，凡事都要等领导安排，等着制度变革，所以总体而言教师的积极性变差了，不是主动干什么，而是以底线凭良心干活，这就不可避免地容易出现倦怠。好的制度能最大限度地调动人的积极性，激发创造力。我现在所在的学校很封闭，活力不足，人员流动性差，而且有明显的官僚主义倾向。对走掉的那些好老师，学校领导毫不挽留，让人很失望，让真正关心教育的人无法发挥作用。而爬上去的人似乎只看重自己的地位和收入。能为了个人的某些私利而让一所学校五六年没有安排上过一节体育课，没有运动场，也是让人叹为观止的事。上级部门检查学校每次还能合理通过，真是匪夷所思，但这就是现实。我倒是怀疑自己会不会与这个社会有些格格不入，老是心存幻想，满脑子都在构建自己想象的理想国，和堂吉诃德差不多。

17. 哈佛大学的教师培训方式

第三点可资借鉴之处是课程。课程是培训的核心，所有的资料都事先提供，除了讲稿之外，还有许多背景材料。这使得课前阅读任务极重，课程内容建立在这些背景材料基础上，但有另外独立的主题。材料与课程内容互为支持，互为补充。

近150人的课程，只能采取大课的讲座形式，饶是如此，也并非教师一讲到底。我大略估计了一下，教师平均讲课时间都不超过60%，其余时间都是互动。形式多样，有一些是当场答疑，有一些是提出观点，请学员提供案例佐证，更多的是两人或三人结对讨论。哈佛的理论是：从同伴那里，我们同样可以学到很多东西。我想起国内的教学方式，看来把班级人数多作为教师一讲到底的理由并不成立。

其实，所有这些课程背后都有方法论支撑，讲课的教授都是该领域有重要影响的人物。内容本身十分精彩，但是哈佛研究生教育学院依然对教师的上课方式提出要求，这就使得我们虽然一直处于注意力高度集中的状态中，却并不觉得疲倦。

（《向美国学教育》，第204-205页）

我感觉这里有两点值得注意。

第一点是课前阅读。这种教师培训，学员不是只带着耳朵来的，教师不但提供讲稿，而且提供背景资料。背景资料很重要，提供这种材料是说，教师的讲稿只是在这些背景的基础上提出一种看法，学员同样可以通过这些资料提出自己的看法，这样讲课者和学员就比较平等了，大家都是研究者。这种讲课更像是交流，而不是居高临下的宣讲和贯彻。教师真想学点什么，显然阅读比听讲对他而言要重要得多。你一辈子能听多少课？然而阅读的时间和条件却多得多，而且阅读更有利于独立思考和反复琢

磨。哈佛大学这种课前阅读的培训方式，其意义不光是有助于当堂课的学习，还是培养学员养成阅读习惯的一种措施。

第二点是不搞满堂灌，留出相当一部分时间与学员互动。据我所知，我国的教师培训还是以满堂灌居多。有人甚至认为讲课教师让学员发言和讨论是讲课教师偷懒，这完全弄反了，事实上，满堂灌才是一种巧妙的偷懒方式。让学员发言，讲课教师不知道他们会提出什么问题，要当场回应，需要紧张地快速思考，这是很累的。这对讲课教师分析问题解决问题的真本领是一种检验，对其应变能力是一种检验，但只要他搞满堂灌，这些问题都回避了，讲完他就走了，你知道他有没有真本领？而他讲的内容，说不定是从什么地方原封不动搬运来的，只要能唬人就行了。有些所谓的专家，往往就这样讲课。至于某些优秀教师、模范人物，他们讲课则往往诉诸感情，弄几个动人的例子，把听众感动得流下眼泪，就算成功了。所以我个人的印象，我国的教师培训，总体上是比较差的。记得有的老师讽刺我们的教师培训是"专家们用灌输式的教学法告诉教师如何搞探究式教学，用满堂灌的方式告诉教师如何与学生互动"。我想这不是笑话，而是事实。

我也是常参与教师培训的，一般总是留出三分之一的时间让学员发言。学员们发言很踊跃，但内容基本上是咨询性的，问的几乎都是"怎么办"，很少有关于教育思想和理念方面的问题，如果有，也是牢骚性质的——埋怨大环境，"我很无奈"，等等，总之，基本没有探究式的思考。于是你就明白课改搞探究式教学为什么这么难了，这无异于"强人所难"。我想这种局面不可能一下子改变过来，要改变，前提是教师培训者自己先有点探究式思考和探究式学习。

2013 年 12 月 2 日

18. 加德纳多元智能理论的负面作用

　　加德纳认为，人有多种智能，每种智能发展并不均衡。也就是说，每个人都有自己的优势智能，也有自己的弱势智能。教师应当致力于发展学生的优势智能，而不应当紧盯着学生的弱势智能不放。

　　多元智能学说的直接后果是，美国学生丝毫不以自己的数学成绩不佳而羞愧，多元智能学说成了他们的借口。数学不好不要紧，数学不是我的特长，每个人的时间和精力都有限，我应该把精力放在我感兴趣且能得到更大发展的科目上，例如体育。于是各门学科不断为这些学生而放低标准，不给压力，只给鼓励。

　　　　　　　　　　　　　　　　　　　（《向美国学教育》，第215页）

　　可见，过分强调学生的个性差异和过分强调学生的同质性，同样对教育有害。一刀切固然糟糕，无节制的"因材施教"也不行。这也可见世界上并没有也不会有绝对正确的、有百利而无一害的教育理论。那怎么办呢？两条对策。一条是具体问题具体分析，另一条是看主要倾向。例如，我国教育至少到目前为止，主要缺点仍然是一刀切而不是过分照顾学生个性，所以面对加德纳多元智能这类理论，还是应该以推荐为主，不应以批判为主，但是作为预防，提一提其可能出现的负面作用也是有必要的，以后可以少走弯路。总而言之，老想照搬某种理论，拿来就用，无节制地滥用，这种想法在任何时候任何地方都是行不通的。自己脖子上应该长着自己的脑袋，而不是别人的头颅。

　　　　　　　　　　　　　　　　　　　　　　2013 年 12 月 4 日

下 篇

19. 走班制符合中国国情吗

美国绝大部分中学是实行"走班制"的：老师不动，学生到老师所在的教室上课。中国有不少学校也在进行走班制的实验，比如，北京十一学校、北京大学附属中学等。不少准备开始实施走班制实验的学校的校长和老师们自然会产生各种各样的问题：美国为什么要实行走班制？走班制适合中国国情吗？……

要回答上面的问题，我们先要了解：为什么美国的小学不实行走班制，但是中学却实行走班制了。

美国的小学绝大部分是一个老师教一个班，学生全天都待在一个教室里。让一个老师教所有的科目，这是历史造成的，结果变成了一个传统，大家都不想变了。

但是，美国的中学就不同了。因为美国没有类似中国高考那样的东西，学生在中学毕业以后有不同的选择：不读大学，直接工作；读两年制社区大学；读职业训练学校；读普通州立大学；读本州重点公立大学；读私立大学……选择不同，在高中阶段的准备是完全不一样的。另外，美国有不少大学的招生是跟专业学习紧密挂钩的，一个总成绩很好的学生，假如在高中上的课跟所报的大学专业没什么关系，很可能输给一个总成绩比他差，可是专业课程的成绩很出色的学生。因此，我们现在明白了，美国中学要实行走班制，是跟美国的大学自主招生制度密切相关的：有什么样的大学招生制度，就有什么样的高中上课制度。假如美国实行类似中国那样的高考招生制度，相信美国的走班制也没法建立起来。

（《给学生无限可能——细说美国教育》，第3—4页）

"美国中学要实行走班制，是跟美国的大学自主招生制度密切相关的：有什么样的大学招生制度，就有什么样的高中上课制度。假如美国实行类似中国那样的高考招生制度，相信美国的走班制也没法建立起来。"作者的这种说法给人的印象是，中国的考试制度如果不变成美国那样，就没有办法实行走班制。可是，我们的考试制度有可能变成美国那样多样化的自主招生的考试制度吗？从目前实验的情况看，不乐观，于是走班制在中国的前途，也就不容乐观了。

我感觉走班制的推行不光有和考试制度对接的问题，还有学生人数问题（人口差异）、教室的配备问题（要有足够多的教室）、教师的专业素质问题（教师要有能力开那么多种类的课）、整个社会的风气问题（要有一种"非科举的文化"，大家自愿分流，不挤独木桥），等等。所有这些问题加起来，你会明显地感觉到，美国式的走班制在我国要大面积推广，恐怕是不现实的，在可预见的将来都不行。

所以愚以为，学习走班制，一定要看它的本质，看它的理念有什么合理之处和先进之处，然后根据中国情况灵活处理。走班制的先进之处在哪里？我个人觉得主要是"给学生更多自主选择的机会"，也就是本书题目所谓的"给学生无限可能"（这种说法有些夸大其词，事实上，可能性不是无限的）。走班制的学校有点像一个"知识超市"，学生可以在里面自由游走，自由选择，这更符合因材施教的原则，更有利于培养学生的自主性，更适合造就多样性人才，我觉得这个方向是对的。

那就是说，只要学校朝"给学生更多自主选择的机会"的方向努力，是否照搬美国式走班制的形式，不是最主要的。对我们现在的班级制度做微调，也可以在一定程度上实现这个目标。记得当年我上大学的时候就是"半走班制"。我们班级有自己的教室，但是有很多课不在班级教室上，而是去上"大课"，好几个班在一起，像听报告一样。这种办法对教师专业多样化和教室数量的要求就没有那么高，我觉得很多学校现在就可以实验，而不必等待高考制度大变。我总觉得高考制度出现剧烈变化在中国不大可能，因为那就不是教育问题而是社会问题甚至是政治问题了，非同小可，轻易不能做的。

但是我赞成有些条件比较好的学校实验美国式的走班制，完全照搬也可以，能得到宝贵的经验和教训。我只是反对轻易地大规模推广美式走班制（不具备条件不能硬干），也反对轻易断言中国学校早晚都要实行美式走班制，这很不一定。

什么年龄段的学生适合走班制？

作者提到美国的小学绝大部分不实行走班制，而是教师包班，高中实行走班制，初中没有提，只笼统说"中学"有走班制。我去查了一下别的资料，美国初中也有走班制，只是学生可选择的科目没有那么多，感觉有点像我上大学时的那种"半走班制"。这样，美国在基础教育阶段的教学设计就是"教师包班制—半走班制—走班制"这样一个循序渐进的过程了，大学更是走班制了。也就是说，美国的高中阶段，学习方式更接近大学，而中国的情况似乎正相反，我见到一些大学的管理方式，反而更接近高中阶段。我感觉中国的教师和家长明显是管得太多，不愿放手，所以我们的孩子总是长不大。

作者谈到美国小学的教师包班制，认为"这是历史造成的，结果变成了一个传统，大家都不想变了"。原因可能不是这样简单。稍微想一想你就会发现，教师包班制这种组织形态更像家庭，教师有点像家长，小学生更容易适应。小孩子独立性差，选择能力不强，在小学实行走班制，恐怕会遇到很多困难。初中生的独立性和行为能力强一些了，这时给他们一些独立选择的机会，增加一些横向人际交往的机会，可以促使他们长大。到了高中，学校变成了"知识超市"，人际关系以横向联系为主了，学生在校内的生存状态就和社会上差不多了。由此可见，美国的教育方式是像三级跳一样，一步一步实现学生的社会化。他们既非不肯放手，也不是马上撒手，而是有梯度地促使学生长大，迫使他们不得不长大。我觉得这是很好的办法，值得借鉴。

我们的小学不采取美国的教师包班制，我觉得比较适合国情，包班制需要大量"全科教师"，我们即使现培养和培训也来不及。事实上，如作者方老师所说，即使在美国，小学教师也普遍偏科，结果美国孩子的数学成绩就很惨，这一点我觉得中国的做法更有道理。我们的主要问题是管得太死，学生上初中甚至高中了，仍然没有多少自主选择的权利，这在知识方面，难以实现因材施教，在人格方面，就是老也长不大。我们这种教育方式除了与高考制度有关之外，与几千年的家长制也有关。中国成年人对干涉和控制孩子形成习惯了，一百个不放心。

2016 年 7 月 8 日

20. 走班制中的"家房"

那么，美国中学真的取消班级了吗？当然不是！美国中学里都有一个房间叫"家房"，有的地方也叫"咨询室"。这个房间就是学生的"母班"了。在很多中学，学生每天要先去一次家房，然后再到不同的教室上不同的课。

家房是按照年级来划分的，每一个年级会有若干个家房，每一个家房都有一个家房老师。因为家房也是学校的一个普通教室，因此家房老师通常就由使用这个教室的老师担任。（美国中学没有专门的教师办公室，使用某个教室的老师，教室就是他的办公室。）

那么，家房有什么用呢？

首先，家房提供了一个稳定的情感联结地：在整个中学阶段，同一个家房的学生都在一起度过在家房里的时间，因此，从某种意义上讲，家房跟中国的班级是一样的。家房老师虽然不像中国的班主任那样什么都管，但也会负责一些事务性工作，比如，分发本年级的重要通知，派免费午餐表，发课程表，发锁柜密码，发学校 Wi-Fi 密码，代收作业等。此外，还会对一些经常旷课和学习成绩不好的学生给予特别的关照。

其次，家房提供了一个同年级学生聚在一起的机会。在美国，学生的统考成绩是决定学校排名的重要指标，也是决定某个学区房价的重要指标，因此，统考是非常受校长重视的。统考是在家房里面进行的，同一个年级的学生因此有机会在这里碰面。

最后，美国的学生会成员是学生一人一票选出来的，竞选和投票都发生在家房里。同时，每一个学年快结束的时候，年级顾问还会到每一个家房去指导学生选课、填课表。

因此，美国中学虽然实行走班制，但是因为家房的存在，学生们仍能通过家房建立班级的联系纽带。而家房的设置，既能让学生根据自己的水平和毕业以后的计划选择不同的课，又能让学生通过家房获得班级的稳定情感联系，兼顾了集体温暖和自我管理能力培养，非常值得中国准备或正在实行走班制实验的学校学习。

（《给学生无限可能——细说美国教育》，第4—5页）

我觉得"家房"是一个很明智的安排。

走班制的学生活动以横向人际关系为主，横向人际关系的优点是有助于扩大学生的视野，培养学生应对挑战的勇气，缺点是不利于学生产生归属感。人不可以缺乏归属感，缺乏归属感就没有安全感，会造成很大的心理问题。人在未成年时期，主要归属感在家庭，其安全感源自父母的照顾与关爱，哪个国家都是如此。我国近些年留守儿童的问题就是这个问题。孩子升入中学，学校实行走班制，他每日像走马灯一样穿梭于各个教室，心里总会有些不踏实。他的灵魂需要一个落脚点，一个可以"休养生息"的地方，一个虽然不是家庭但接近于家庭的地方，还需要一个虽然不是家长却有点像家长的老师，使他可以依靠。在中国，不存在这个问题，班级就是家庭，班主任就像"亲妈"，学生的归属感能得到满足，甚至满足得有些过火。而在美国的走班制中，这就是个问题了。虽然我感觉美国人的家庭观念不像中国人这么重，但是总归孩子是依恋父母的。走班制的设计者们很清醒地看到了这一点，以家房作为走班制的补充，把横向、纵向两个方面的人际交往结合了起来，既解决了一些管理问题，又满足了孩子的归属感心理需要，是很聪明的办法。

我以前没有听说过家房这回事，所以一提到走班制，总有一种"变动不居，动荡不安"的感觉。北京有实验走班制的中学，我也了解一些，老想问他们，这个走班制的学生长大以后，要是搞同学聚会，找谁呢？他们的集体认同会不会以整个学校为单位？这个集体是否大了点？可惜我没有机会提问。我们的习惯是，介绍先进经验的时候主要是宣讲，缺乏讨论和

质疑。据说北京某实行走班制的学校有所谓的"导师"制，好像是一位导师联系若干学生。他是否如同班主任？有没有"家房"这种地方？我没搞清楚。

我的经验和教训是，遇到新鲜经验，最好多问多了解，不要想当然地轻易予以肯定或否定。像这个"家房"，我了解了这个情况之后，对走班制的看法就和原来不一样了。

2016 年 7 月 10 日

21. 颠覆"因材施教"？

因材施教是最重要的教育原则，尽管事实上很少有教师能够做到这一点，尽管教育体制和教育管理措施总是有意无意地妨碍因材施教（比如一刀切），但至少在理论上和口头上，教育者都对因材施教不持异议，都承认因材施教是教育的高标准。然而细想起来，因材施教仍然是一个以教师为中心、以教师为出发点和立脚点的教育理念。因材施教的主体是教师，教师先是分析学生情况，了解其个性特点，辨识其才，然后有针对性地对其施之以恰当的教育。《现代汉语词典》（第7版）对"因材施教"一词的解释是："针对学习的人的能力、性格、志趣等具体情况施行不同的教育。"（这里可能有错字，第一个"的"字似应为"个"。）因材施教的动作由教师主动发出，学生是接受者，这很清楚。

可是我们在美国的教育中，似乎看到了另一种思路。请感兴趣的老师仔细研究一下下面的文字。

有人曾问过我两个问题：一是为什么美国人不对小学和初中的学生提出夯实基础的要求？二是美国学生的基础那么差，到了高中，学校提出的要求那么高，他们怎么学得会？

美国学生的学术基础差，尤其是数学基础差，是由美国的教育制度决定的。因为美国的小学是没有分科老师的，一个老师教一个班的所有科目，全天都在一个教室里面对着一个班的学生。因为教师的工资不高，天底下也很少有文理科都十分优秀的全能人才（真有这样的人当然也不会去教小学），所以，小学教师很难把全班学生每一科都教得很出色。绝大部分美国小学教师是读文科出身的，对于数学和科学并不擅长。所以，美国学生里上初中时连分数加减都不会的，比比皆是。

虽然美国的大部分初中是分科教学，开始有英语老师、数学老师、科学老师之分了，可是大部分地区的教师执照是允许小学教师执照的持有者教初中的。也就是说，美国初中里仍有不少数学、科学老师很可能还是读文科出身的，他们只会照本宣科，根本就谈不上给学生打下坚实的基础。相比英语教育，美国小学及初中的数学和科学教育要差很多。

那么问题就来了：美国的高中是向大学要求看齐的，美国的大学非常牛，这我们都是知道的。一堆初中时还什么都不懂的学生，到了高中怎么能跟得上？怎么能一下子学那么深的东西？

答案很简单：美国高中并不要求所有的学生都上同样的课。美国高中是采取学分制的，所以，学生有根据自己的程度选课的自由。比如，学生要在高中读三年的科学课才能毕业。基础好的学生可以第一年学不需要什么基础、只要阅读能力强就行的生物，然后第二年学化学，第三年学物理。（美国的高中物理课本一上来就要用三角函数，很快就要用微积分解题，基础不好的学生刚上高中时当然不能学物理。）那些基础差的学生也有办法，比如，他们没法上普通的物理课，但他们可以上概念物理课。美国高中的"概念物理"难易程度比中国初二的物理还要低，基本就不需要用数学来解题，那些连四则运算都不懂的学生，也能靠着读"概念物理"之类的课程，从高中毕业。

所以，美国的高中随随便便就能开出一百多门课，以适应不同学生的需要。在一所美国公立高中的教学大楼里面漫步，我们可以发现某个教室的学生正在用积木学习如何做十以内的加减法，可是隔壁的教室里正在讲偏微分方程（高等数学中的一种方程）；另外一个教室的学生在讨论纳撒尼尔·霍桑的小说里面的文学元素，而隔壁的教室里的学生在学26个英语字母（他们可能是新移民过来的学生，一点儿英语都不会）。从小学程度的课到大学程度的课，都在高中共存，学校采取分班教学，尽量不出现把程度不同的学生放在一个班学习的情况。另外，美国还存在不同类型的重点高中。例如，以学术成绩为考核标准的重点高中，只有那些学术大牛们才能考进去，不存在学生基础差的情况。此外，还有以艺术天赋为重点的高中，以手工劳作为重点的高中，等等。不同类型的重点高中专门培养不同的人才，不会让所有人都必须学习同样的东西。

有人可能要问：美国初中的教学质量那么糟糕，学生基础那么差，那些天才和大牛人是从哪里来的呢？

答案是：美国的初中和小学并不要求学生掌握超高的学术能力，可是，对于天才学生，却有一套机制让他们出头并加以培养。美国大部分地区都有 GATE（Gifted and Talented Education，天才教育）课程计划，政府专门拨款给学校，让那些学有余力的天才学生学习超出他们所在年级难度的东西。这些人到了高中，便成为读那些艰深课程的大牛了。社会上本来就不需要人人都成为超一流的数学家和科学家，但是，假如学生从小有学习的潜质，美国的教育制度也不会忽略他们，肯定有一套机制培养他们成长。

学以微积分为基础的普通物理的高中生，跟基本不需要用数学的学概念物理的高中生，差别实在太大了！因此，美国大学在招生的时候，一定要考查申请人在高中究竟读了什么课程，这些课程是否具备相应的难度，甚至还要看该学校提供了多少种不同的课程（包括大学程度的大学预修课程）供该学生选择，而并不只是看平时的总成绩就行了。这样，就形成了一套机制来保证中小学的这种教育制度可以与大学相匹配和适应。

综上所述，美国高中和初中以下教育之间的巨大鸿沟，是通过提供同一科目不同要求的课程以及多元化的选修课来填平的。这既能满足国家全面提供免费义务教育的基本需要，让大部分学生能进入普通大学或者社区大学深造，又能让天才学生、能力强的学生有机会出头，进入超一流的大学继续挑战自

己，成为学术精英。

　　　　　　　　　　　　　（《给学生无限可能——细说美国教育》，第6-8页）

　　你会发现美国的教师显得很"被动"，他们也努力，但努力的方向与我们不同。中国的家长和教师普遍喜欢把劲儿朝孩子使，激励孩子，督促孩子，甚至逼迫孩子达到成年人的期望。即使真的做到了因材施教，其目标也首先是家长和教师所期望的目标。而美国的教师把劲儿朝自己使，他们不侧重因材施教，努力办的最重要的事情是"提供更多样的教育产品"（课程），剩下的事情就是让学生自己选择了，有点像是注重"供给侧"。我说过美国学校像超市，商品琳琅满目，你自己挑选，自己负责，很有点"相信群众，依靠群众，让群众自己教育自己，自己解放自己"的味道。就是说，把因材施教的主动权更多地交给学生本人。你不要等待老师因你的才对你施教，这里给你提供了很多可能，你自己"摸着石头过河"就是了，学着学着，你就知道自己是什么材料了。我想，这种崇尚学生自发性的教育方式比起迷信教师因材施教的教育方式可能更有利于"不拘一格降人才"，这是美国教育特别值得我们深思和借鉴的地方。

　　但这只是事情的一面，事情还有另一面。美国教育最大限度地减少了强制，我觉得过火了。美国的教育有放任的问题。高中生用积木做十以内加减法，又不是特殊教育学校，这不正常，只能说这些高中生是被惯坏了。这实际就是变相的放弃。这样的教育体制没有办法保证基本的教学质量。作者说"美国高中和初中以下教育之间的巨大鸿沟，是通过提供同一科目不同要求的课程以及多元化的选修课来填平的"。我看这并不是"填平"，只不过是绕过去了，鸿沟照样存在，于是你就明白美国学生在世界各种学科竞赛中为什么成绩不佳了。中国人注重夯实基础，美国人似乎不管什么基础不基础，愚以为如此放任对国民整体素质的提高是不利的。中国的家长和教师倾向于不管孩子条件如何，都铆着劲儿把他们尽可能培养成尖子生，美国的办法是顺其自然，等尖子自己露出来，把尖子送进天才儿童班，其他人照顾你原有水平就行了。美国学生压力小，好处是有更多自由发展的空间，坏处是容易放纵自我，助长懒惰。"人无压力轻飘飘"

这句话不是没有道理的。

这还不算。还有一个更重要的看点是——私立学校。要知道公立学校只占美国教育的半壁江山，单看公立学校，对美国教育的观察是很不全面的。我听了一个脱口秀节目，主播的名字叫"无限自由"，他介绍了美国私立学校的情况。据他说，美国的私立学校分三等。第一等的私立学校普通人根本进不去，有钱都不行，需要进入精英人士的圈子，由圈内人推荐才能进入。那是全日制学校，管理非常严格。第二等的私立学校是富人学校，家长们都十分有钱。第三等的私立学校则几乎是专门为外国留学生（特别是中国留学生）准备的，花钱就能进，学费很高，但师资力量还不如公立学校。你进去就会发现，那里几乎都是中国学生。管理十分宽松，早早就放学了，家长又不在身边，于是这些孩子就玩。惹出事端的，往往是这类学校的学生。我对这位主播所说的前两类私立学校最感兴趣，因为这里面培养的学生正是未来掌握美国命运的精英。显然，这种学校对学生的管理是不放任的，但我不知道这种学校是否也动辄开一百多门课，是否也有用积木做十以内加减法之类的现象，是否实行走班制，怎么个走法。如果这种学校的教育方式与公立学校有显著差别或较大差别，那就说明美国实际上有两套教育制度，一套是给普通老百姓的，一套是给精英的。那就证明他们自己明知道他们宣传的教育理论并不是普世的，所谓"两样货色齐备，各有各的用处"。这就令人警惕了。可惜我见不到有关私立中学的材料，若能看一看就知道了。

但无论如何，美国公立学校教育的优点是摆在那儿的，我们学习其精神，注意避免走极端就是了。因材施教的思路不应放弃，学生自主发展自由选择的思路要加强，把美国教育和中国教育各自的优点有机结合起来，也许能创造出更好的教育。当然，用"接合"的办法是不行的，生搬硬套更不行，要的是融会贯通，走出新路。

2016 年 7 月 11 日

22. 教育：可能与现实

　　方老师在该书自序中说："中美教育的最大不同，在于美国的基础教育并不强求教育如同生产线一样，把所有学生都培养成一模一样的人，然后送往唯一的独木桥——高考。美国教育希望给予学生无限的可能，让每一个人将来都成为一个独特的人才。美国教育的活力，就在于给予学生无限的空间，让每一个学生都有能让自己脱颖而出的一条金光大道、一片小小的沃土。"①

　　愚以为中美教育这方面的差异确实存在，美国教育的优点是给学生预留了更多的空间和可能性，这方面值得我们学习，不过方老师对美国教育的夸赞过火了。美国每个学生面前都有一条"金光大道"吗？未必。方老师自己提供的事实，就动摇了自己的这个结论。

　　美国高中实施学分制确实是希望通过给予学生一定的自由度（有几十个学分是选修课），让学生选择能提高自己素质的课程。因此，林肯高中在1940年建校初期，制定的办学目标是"促进学生的全面发展"，而非"为大学培养预备人才"。所以，林肯高中目前开设的选修课有：电脑艺术、电脑网络维护、环境科学、财富规划、办公室文员训练、银行业务训练（与花旗银行等大银行共同合办）、生物工程技术、摄影与暗房技术、舞台技术、室内设计、建筑制图、心理学、新闻学以及一系列的体育选修课，包括高尔夫球、击剑、健身、保龄球、射箭、射击、游泳、举重、摔跤等。

　　但是，以上这些非常吸引人的选修课，每年选修的人都非

---

①方帆.给学生无限可能：细说美国教育[M].北京：中国人民大学出版社，2016：自序.

常少，以致很多课根本就招不够学生，无法开设。为什么会这样呢？原来，这些选修课绝大部分在学生申请大学的时候起不到任何作用。

原来，因为美国没有类似高考这样的东西，名牌大学在考虑招收一个高中毕业生的时候，对于该生是否具备一定的学术水平，是否能在大学里面继续深造，主要是看该生在高中上过哪些课，成绩如何。尤其是竞争激烈的名牌大学、热门专业更是如此。

（《给学生无限可能——细说美国教育》，第 13 页）

很多人都说在美国读书容易，压力不大。但笔者教过的想上好大学的学生，无一例外都是每天晚上做功课做到深夜的，很多人甚至下午六点多睡觉，到了凌晨两点多起来做作业，因为夜深人静时注意力才能集中。面对如此大的压力，谁敢不选三角函数而去选保龄球这门课？除非他不想考大学了！即使是一些非常好的选修课，也经常乏人问津。比如，林肯高中跟一些大银行合作推出的课程，可以让学生在修读的同时，到银行里面带薪实习，毕业后更可以到银行工作。但是，因为这些课无法令学生在申请大学的时候拥有竞争上的优势，选修者寥寥。同时，因为教这些选修课的教师都必须拥有相关的执照，比如，林肯高中前任汽车修理课的老师，不仅有汽车修理的教学执照，而且还是丰田汽车公司专门培训汽车修理技术员的技术指导。但是，因为选修的学生少，无法开班，想当教师的人也不会去考这方面的执照。因此，这位老师退休以后，林肯高中就再也请不到有执照的老师来教汽车修理这门课了。

没有所谓学术价值，也就是无法得到大学承认的选修课，随着选修的学生人数越来越少，逐渐消失了。在旧金山的高中里，家政、缝纫机维修、木工、金工、打字、电脑程序以及烹调课都已经消失，汽车修理和银行业务等课也濒临灭绝，只剩

一家高中在苦苦支撑，当教这些课的教师退休的时候，就是这些课程走进历史的时候。

不过，仍有一些不服输的学校和教师为了拯救这些选修课而不懈地奋斗。已经濒临灭绝的摄影与暗房技术课的重生就是一个例子。教这门课的老师成功地把课程改成了"数码摄影技术"并向大学申请承认，结果被承认为视觉艺术的一门课程，成功挤进了学术课程的队列里面。

然而，并不是所有选修课都那么好运。只要学生和家长们认为读大学才是在社会上立足的唯一途径，选修课的命运就不会是光明的。

（《给学生无限可能——细说美国教育》，第14-15页）

这个学校确实给学生发展提供了更多可能，开了这么多很实用的选修课，可谓用心良苦，然而学生和学生家长似乎并不领情，他们心仪的还是那几门有利于升大学的课程。这种态度和中国家长、学生的态度何其相似乃尔！只不过我们这里情况更严重一些，不仅是选修课，就是副科，也常被学生轻视，校本课程更甭提。美国也有类似情况，说明各国教育有共通的地方，也说明教育不管出于多么伟大、正确的理论，不管怀着多么善良、美好的愿望，最终结果也不可能由教育者单方面决定。教育的最终结果，是教育者、家长、学生、社会共同作用形成的，教育浪漫主义是要碰钉子的。

没有理想的教育，却必须有教育理想。

2016年7月14日

[附记]

方帆老师看了这个读书笔记，在给责任编辑的信中对学生及家长"不领情"的问题做了如下解释。

关于美国家长也像中国家长那样要求子女上大学的问题，其实不是学生及家长"不领情"，而是我们的高中毕业要求就是加利福尼亚大学（简称加州大学）的入学要求。高中生假如上了那些不被加州大学入学要求承认的选修课，根本就无法毕业，因此，大家只好被迫选择加州大学承认的课而不去选择那些选修课。而把"高中毕业要求"跟"大学入学要求"挂钩的人是前教育局局长，他为了自己的政治前途，在家长的一片反对声中硬性规定高中毕业的要求必须等同于加州大学的入学要求，以此来告诉不明真相的吃瓜群众：他是如何高标准地要求学生的。其实，高中毕业生有很多选择，上大学也未必一定要上全球排名靠前的加州大学；即使满足了加州大学的入学要求，校方也未必一定会录取你。这样哗众取宠的后果只能导致更多高中生无法毕业。就等于中国假如把清华、北大的高考分数线作为所有高中生的毕业标准，会不会让全中国的高中毕业生都变成清华、北大的学生？答案显然是否定的。

2016 年 12 月 7 日

23. 美国的《学生管理手册》与中国的《中小学生守则》

很多人认为在美国读书很自由，想干什么就干什么，这其实是一个误解。

虽然美国的很多公立学校是无法教书的乱校，但是，这并不等于没有任何的学生管理规定。美国的高中均有学生管理规定，这些规定全都有法律效力，而且都能通过法律的方式来实施。

在美国的公立高中读书的高中生，每一个人进校的时候都会拿到一本《学生管理手册》。这本手册有上百页，详细说明了学生的行为准则，而且，没有一条是抽象、无法实施的。在美国的《学生管理手册》里，绝对不会看到下面的条文：

①热爱美国，热爱民主党（或共和党）。
②尊重老师，热爱同学，讲礼貌。
③爱护公物，保持环境卫生。

会看到类似的条文：

①禁止穿这种长度的短裤或者短裙：伸直双手下垂，放在大腿上，裙子下摆或者短裤的裤脚短于最短的手指的长度。
②禁止穿暴露上身1/4肉体的衣服。
③禁止穿低V领的背心以及细吊带背心。
④进入教室比上课时间晚5分钟以上、20分钟以下为迟到。迟到3次算一次旷课。一个学期累积3次旷课，家长可被判罚25万美元或有期徒刑6个月。
⑤携带任何武器进入校园，或携带看上去像武器的玩具进

入校园，可被开除。

⑥携带毒品或者酒精类饮品进入校园，可被开除。

⑦在学校财物（比如墙壁、课桌）上面乱写乱画，可被判有期徒刑六个月。

⑧学生如在上课期间离开学校，必须申请"家长允许离开学校"通行证。没有通行证，外出可随时被警察逮捕。

⑨以侮辱性言语在网络或者现实中辱骂他人超过三次者，可被罚停学处分或承担更严重的法律后果。

公立高中通常都会有一个到几个专职人员负责学生管理，他们被称为"训导主任"。训导主任会跟警察合作，保证《学生管理手册》上面的所有学生行为准则得到遵守。

使用法律来管理学生，就是美国公立学校学生管理的核心原则。

（《给学生无限可能——细说美国教育》，第16-17页）

"使用法律来管理学生，就是美国公立学校学生管理的核心原则。"这句话，我不知道是美国教育界公认的原则，还是作者自己总结出来的原则。我对此有疑问。法律是针对公民的，公民是成年人，而学生是未成年人。未成年人，尤其是小学生和初中生，他们通常是不负法律责任的，高中生一般也不负法律责任，怎么可以用法律管理之？作者所举的《学生管理手册》中的例子，也不都是需要警察出面解决的，有不少处分还是属于纪律处分，纪律处分不能说是法律手段。

但是我们从中确实可以看出中美两国学生管理思路的差别。中国的《中小学生守则》，有明显的德治色彩；而美国的《学生管理手册》，有明显的法治色彩。法律的特点有两个，一个是只告诉你"不该做什么"，设定下限，违法必究；另一个是条文必须十分具体明晰，便于操作，便于惩罚。而德治就不一样了。你看中国的《中小学生守则》就不光告诉学生"禁止什么"，还告诉学生"应该做什么"。法治是单纯惩罚性的，德治

则有引导作用。引导主要是方向引导，不能太具体，所以我们的《中小学生守则》中有"爱集体助同学""上课专心听讲"这类条文是完全可以理解的，它本来就不是下限和红线，无须说得那么具体，也没法说得那么具体。这些东西是让教师灵活掌握的。《中小学生守则》既有德治色彩，就不能没有人治色彩。法治的特点就是冷冰冰的，只有排除人情的干扰，法律才能真正得到落实，而德治恰好需要人情味。

我不认为美国这种管理手段是最好的，也不认为中国的《中小学生守则》是假大空，这是思路不同，可以互相取长补短，不必"二者必居其一"。法治有个很大的麻烦是，你得承认"法无禁止即可为"，也就是说，凡是法律条文没有禁止的东西，你就不能管。可是学生不恰当的表现形形色色，不胜枚举，学校不可能把它们都纳入管理条文。比如学生上课说小话，你管不管？不管，真影响他人，也害他自己；管吧，于法无据。这个用美国的管理条例，可能就没办法管，而在中国，教师就可以依据"上课专心听讲"的守则进行干预。这就可见，死板有死板的好处，灵活有灵活的优越性。于是你也就明白美国的课堂为什么那么宽松了，它不得不宽松。比如学生上课喝水吃东西，在中国教师完全可以管，家长也不会反对，而在美国，教师若管，学生就可以不理，他还振振有词："没有上课禁止喝水吃东西的规定呀！"家长也可能支持孩子。这在美国很有道理，在中国就不行，因为中国的课堂纪律不完全是靠法律条文维持的。所以我的意见是，我国的《中小学生守则》，还是应该以德治的思路为主，参考法治思路做一些改进就行了。学校管理学生，老是靠法律条文解决问题，靠警察解决问题，这在中国不仅不现实，老百姓也不认可。

2016 年 7 月 22 日

【海蓝蓝 6384（K12 班风小论坛）】

我曾经阅读过一本美国人写的书，里边是这样说的，班级规章制度是根据法律来制定的，不能和法律有冲突。

我们身边有的老师就是使用非法的手段来让学生守法的，比如罚款。

我曾问过一个老师："你罚学生的钱，如果学生向你要罚款收据，你怎么开啊？"他没有回应。

【东风吹落星（K12 班风小论坛）】

我记得有个类似的表述，在不侵犯他人权益的前提下，你爱干啥就干啥。这，就是"自由"。也许，这就是契约社会里的契约。

王老师列举的"上课说小话"，不是"自由"，应有别的解释。

【王晓春读后】

海蓝蓝 6384 老师谈到的学校里"和法律有冲突"的管理方式，确实应该制止，这没什么可说的，法律是下限，不能突破。不过有两点麻烦，一个麻烦是，有很多违法与不违法之间的"灰色地带"，这部分若非依法处理，那你就得无穷无尽地增加各种条文。此种做法的优点是有法可依，避免教师以言代法或以权谋私；缺点是管理过于死板，管理成本高，没有有关规定，教师就不敢动了，教师成了执法机器，积极性、主动性会受影响。另一个更大的麻烦是，学生有大量行为谈不到违法违纪，但是确实影响他人，或者对自己不利，若单以法治的思路行事，教师对这种事就无权过问，然而事实上教师的职责恰恰是要求你管。当年我在一线教书时，有一次一个学生在座位上玩，不做练习，我走过去小声提醒他，他白了我一眼，道："我又没影响别人！"我笑着对他说："是的，你没影响别人，可是你影响了自己。"他不说话了。这种事，要按法治的思路，我就是多此一举，甚至可以说违背了法治精神，因为"法无禁止即可为"。可是我认为我做得不错，这正是一个教师的职责。教师是教育者，不是警察，不能只是一个"红灯"，他还有引导和指导学生的作用。也就是说，在学校里，光有法治是绝对不够的，还要有德治，而且鉴于中华

文化的传统，德治应该是主要的，辅以法治而已，在小学和初中，尤其应该如此。

东风吹落星老师说："在不侵犯他人权益的前提下，你爱干啥就干啥。这，就是'自由'。"说起来简单，实际上，因为人是社会性动物，一个人在享受自由的同时要想不侵犯他人的权益，并不总是容易做到的。比如学生上课说小话，就侵犯了他人听讲的权利，这和在剧场里喧哗、在地铁里吃东西的道理一样。我坐地铁时就曾有人在我旁边"自由"地吃肉包子，熏得我够呛，他还吃得很香，至今想起来"异味宛在"。这种事，要一一用法律条文加以禁止，不胜其烦，恐怕多数要靠道德来约束。

总而言之，当今"依法治国"已经成了流行词，在这种时候，就需要防止人们对法律出现迷信。须知法律和道德一样，并非万能，学校是教育人的地方，不是"管"人的地方。学校不同于社会，在学校过分强调法律，把孩子当成年人来管，把教师变成执法者，就改变了学校的性质。

2016 年 7 月 24 日

[附记]

关于"使用法律来管理学生"的问题，方帆老师在写给编辑的信中做了如下解释：

关于法律的适用性问题，我不是律师，不知道美国的法律对未成年人有怎样的要求。但是，旧金山有少年监狱，从前我教初中的时候，有个 11 岁的孩子就因为偷窃被关到少年监狱里面了。我也有同事在下班后去少年监狱给里面的少年犯上课的。少年监狱有电网、高墙、狼狗，跟成年人监狱差不多。可见"未成年人无须负法律责任"，很可能是中国的情形，却不是美国的情形。另外，加州和其他州都有教育法，教育法规定了教育者的责任，也规定了受教育者的权利和义务。

美国规定烟酒是不可以卖给未成年人的。未成年人抽烟、喝酒，被警察抓到了，属于轻罪，会被判刑留案底。这个例子也说明了在美国，未成年人要负一定的法律责任。

另外，例如"上课专心听讲"这样的守则，通常是在"班规"里面的。比如我的班就有"尊重"这样一条班规。

2016 年 12 月 7 日

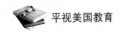

24. 美国中小学的班干部

最近，在网上有一个讨论，说美国的中小学是没有班干部的，从而抨击中国中小学的班干部制度，认为班干部制度是拼爹或者是拼学习成绩，应该取消。

作为在美国的小学、初中和高中均有教学经验的教师，我想说：美国的中小学当然有班干部！

中国学校的班干部制度和体育课一样，都带有非常浓厚的军事色彩。比如，美国的体育课中绝对不会有"立正""向右看齐""齐步走"之类的口令，这些只存在于少年军训团的课程里面。

美国的学校是什么情况？（我说的是公立学校。我没有在私立学校教过书，没有发言权。）先说小学，美国的小学大部分是采取班主任制的，一个老师教一个班所有的科目。授课时大部分是通过小组合作来进行课堂活动，老师站在教室前面讲课的时间非常短。通常，老师一定会设立一些负责人，负责管理不同的地方。比如，地板管理员负责管理教室地板上有没有遗留的玩具或者书本教具，图书管理员负责整理教室书架上的图书，白板管理员负责清洁教室的白板，电脑管理员负责收拾好电脑，科学管理员负责管理教室的科学角。另外，还有一个班长，负责大家去操场的时候，让大家排好队。这些不同的管理员，其实就相当于中国的班干部。

在美国小学的低年级，学生还不怎么懂事，因此，班干部一般是老师根据学生的能力来指定，通常是轮换的，全班每一个人都有当某个管理员的机会。当孩子完全熟悉了这种制度，回到家后也会向父母申请当某个管理员。比如孩子对父母说："这个月我当垃圾管理员吧！"意思就是，这个月的垃圾他负责倒了。到了高年级，学生要学习美国历史及美国的国家制度，老师会让学生竞选管理员。同时，从四年级开始，学校里面也有学生会了，学生们开始学习怎样选举自己的学生代表。这些学生代表通常是学生里面比较受欢迎、人际关系好的同学，跟他们的成绩没什么关系。（美国的小学里通常只有三个成绩：优、良和需要改善，所以，大家谁都不知道其他人的成绩是好还是不好。）美国小学到了班级选举或者学校学生会选举的日子，那些竞选广告铺天盖地，全是学生们自己设计的，弄得煞有介事，比真的选举还要热闹！而且，老师还给候选人机会发表演说，接受咨询、提问等。费那么大劲，原来只是为了当个玩具管理员，至于吗？但是学生们觉得很有趣，很好玩，老师们也觉得通过这样的活动能从小培养学生的公民责任感和社会参与价值观，是民主社会不可或缺的重要一环。

再说中学，美国的中学从初中开始就没有了班级的概念，因为学生是选课的，老师在不同的教室等着学生来上课。然而，虽然没有班级的概念，但是还存在着年级的概念，还有一个东西是中国的学校没有的，叫家房。

家房不需要选举玩具管理员之类的职务，但是，家房要选举家房学生代表。这个学生代表负责汇总家房里同学的意见，代表家房，在参加校长内阁会议时向校长做报告。例如，哪间教室太热啦，太冷啦，学校的厕所太臭啦，哪个老师不公平啦……都是每周的例行会议中要说的问题。总之，美国的中学是由学生跟成年人共同管理学校的。

在校长内阁会议中担任代表的学生，就有资格参选学校学生会的干部了。到了竞选的时候，全校铺天盖地都是竞选广告。候选人各出奇招拉选票，学校的电视会直播竞选演讲，跟真的选举没有两样！选出来的学生干部，全都是领导能力非

常强的。美国大学在招生的时候，领导才能是非常重要的东西，甚至比 SAT（学术能力评估测试）、ACT（美国大学入学考试）之类的统一考试的成绩还重要！美国中学的学生干部要负责策划学校里面所有的学生活动，比如，大型的赈灾活动、大型的筹款演出、毕业班的旅行、大型的体育比赛、学生的演出、管理学生社团……凡是跟学生有关的，全都是学生们在学生会的领导下做的，老师们基本不会插手。老师们只当指导，当学生遇到问题的时候会问老师怎样解决，老师们不会亲力亲为，只提示学生该怎么做。以我所在的学校为例，学生会中有会长、副会长、年级会长、年级副会长、财政部长、秘书、社团部长、文娱部长、体育部长、商业管理部长、外联部长等职位，全都是通过竞选，学生投票产生的，老师完全没有干涉。

综上所述，美国的中小学不仅有班干部，而且还非常的正规，非常的专业。在中小学设立班干部是美国教育里的一个重要手段，所有在美国读教师执照课程的人都在课本中学过如何组织学生活动，怎样在课堂上通过设立班干部的方法来培养学生的领导才能。

（《给学生无限可能——细说美国教育》，第18-20页）

有些人主观地以为美国学校没有班干部，就认为中国也该取消班干部制度，这简直岂有此理。美国不用汉字，难道中国也该取消汉字吗？若认为美国的体育课没有军事色彩，中国上体育课也不该有稍息、立正，我觉得也不合适。这里是中国，不是美国。难道这个事实也需要提示，某些人才能醒过来？中国的一切制度和做法，都应以是否对中国有利，是否对中国老百姓有利为衡量标准，决不能处处以美国的做法为标准答案。但是，美国学校确实有很多东西值得我们学习，这是另一回事。学习美国不是皈依美国，保持独立性也不能排外。

我觉得美国中小学的学生干部制度最值得我们学习的地方是尊重学生

的主体性："凡是跟学生有关的，全都是学生们在学生会的领导下做的，老师们基本不会插手。老师们只当指导，当学生遇到问题的时候会问老师怎样解决，老师们不会亲力亲为，只提示学生该怎么做。"相比较而言，我国的老师对班干部是干涉太多了，有些老师甚至把班干部单纯看成落实自己领导意图的工具，这是很不好的。

美国班干部的选举方式，在中国也可以一试，好像很多老师也试过。但请注意，历史的经验告诉我们，对一人一票的选举，不可迷信，要看到它有利有弊。英国"脱欧"、美国总统选举造成的民意分裂，都提醒我们"一人一票"绝不是灵丹妙药，也不是"最不坏"的方法。我倾向于选举和协商相结合。班干部选举，老师完全放手，任由学生投选票决定，有时候会选出一些没有能力的老好人，甚至会选出心术不正而善于拉帮结派、笼络人心的"小政客"，给班级工作造成很大麻烦。

2016 年 7 月 30 日

【海蓝蓝 6384（K12 班风小论坛）】

如果是学风好的班级，选举的方式比较趋向于实现班级的目的；如果是学风糟糕的班级，选举确实会存在王老师说的那些现象，原因是这两类班级的学生对学习和班级的看法是不一样的，他们认可的利益也是不一样的。

我曾经到一个高中复读班去找一名学生，不知道那个班级是不是和另外一个班合起来还是本身就是班额很大的一个班级，有一百多人吧。我问学生是否认识某同学，他们都摇头。我又问班干部是谁，根据我的经验，班干部应该多认识一些同学。

没想到一个学生的答案让我吃惊，他说："我们班级没有班干部。"问其原因，他答："大家都在读书，还有什么人做坏事？还用管？"

可见，人数的多和少只是影响学生学业的一个重要因素，到底能不能算很重要的因素，我心中没底。

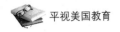

【王晓春读后】

　　愚以为教学质量的高低先是取决于教师的素质和学生原有的素质（特别是家庭教育水平），班额大小只起次要作用。在教师、学生的素质大致相同的情况下，自然是班额小、人数少的班级教学效果要好一些。至于班干部，恐怕班级人数越多，教师越需要班干部帮忙。班额大了，光有班干部还不够，小组长也要起作用。美国学校的班干部与中国学校的班干部的不同之处在于自发性和自主性更强一些，这些小干部先要对自己的组员负责，这就不容易像我国的学生干部那样，眼睛向上，只对老师负责。

2016 年 8 月 2 日

25. 美国高中老师如何教学生写作文

　　美国的作文教学法在我接受师范教育的时候是一大重点教学内容，我的印象是有点百花齐放的味道，主要原因是英语的作文分"创造性写作"和"八股文写作"。前者是娱乐用的，后者是考试用的。但是，我们看作文比赛或者考试得高分的作文，都是两者紧密结合的典范。由此看来，中美两国对于作文高标准的看法，是非常相似的。

　　在美国的作文教学中，比较流行的一种方法叫"作家工作室训练法"。这种方法的步骤是这样的：

　　①全班针对题目进行脑力激荡，并且使用图形分析器对脑力激荡的结果进行分类、比较、归纳、综合、分析等，酝酿出可以接受的主题或者中心思想。这期间，可以是全班一起做，也可以是在小组里面做，然后把小组讨论的结果在全班分享。

　　②确定了主题，把脑力激荡中产生的观点和联想分析过以后，把跟主题无关或者没有用的东西去除。深入研究剩下的东西，必要时依靠工具书或其他途径进行进一步的研究。

　　③写出文章的大纲和中心思想。

　　④在小组里面，根据一个评分标准，学生互相评价各自的大纲写得如何，然后根据同伴的评价修改自己的大纲。

　　⑤把修改好的大纲交给老师评分。

　　⑥老师根据评分标准评价学生送上来的大纲。

　　⑦学生再次修改大纲，把大纲变成文章初稿。

　　⑧根据评分标准，学生在小组中互相修改文章的初稿。

　　⑨老师给学生的初稿打分，并根据评分标准提出建议。

　　⑩学生根据发回来的初稿及建议修改，写成二稿。

⑪老师评分。假如不符合及格标准，学生还必须再修改，写成三稿、四稿。

⑫通常，作文的及格标准是85分（满分100分）。学生必须写到及格为止。

⑬学生作文的最后定稿通常会打印出来，然后配上插图、封面、封底，装订成一本书，全班每个学生都有一本，让大家有"出书"的自豪感。

在美国，教师教作文有明确的步骤，学生每一步都能得到该如何走的指导；另外，作文得到的每一分都有评分标准，告诉你为什么会得到这样的分数，该如何修改才能得到高分。同时，文体训练用的作文通常是采用学生比较感兴趣的题目，或者是比较有争议性的话题，让学生有话可说。我最近一次教英语的时候让学生做过的"作家工作室"作文题目有以下几种。

①窗户。（记叙文）

②学校是否应该硬性规定学生穿校服？（议论文）

③学校是否应该有配枪的校警？（议论文）

④你赞成让16岁的学生拥有选举权吗？（议论文）

⑤高中男生分类学。（散文）

⑥高中女生分类学。（散文）

⑦黑人方言是否可以成为一种语言？（议论文）

⑧作弊。（文体不限）

⑨对暴力电子游戏的评价。（议论文）

⑩青少年的偶像崇拜与宗教的偶像崇拜、邪教的偶像崇拜，有什么相同点和不同点？（文体不限）

（《给学生无限可能——细说美国教育》，第21-23页）

这种作文训练方式很有参考价值。这个"作家工作室训练法"我很感兴趣。这样写作，虽然也似八股文，但是它与我们通常所说的八股文完全是两码事。我们说的八股文，指的是文章的写作格式、起承转合，要分固定的八个段落，像格律诗那样，刻板得要死。这里说的八股文，其实是一种训练模式，值得注意的是，它实际上是一种思维训练，教给学生怎样构思一篇文章。可贵之处在于，它把学生的互相帮助（头脑风暴）与教师的指导有机地结合起来了，把评分的指导作用发挥得更充分了。我国的作文，学生写完了，教师给个分数和评语就完了，有些学生只看分数，根本不细看教师的批改。美国这种办法是你写了提纲，教师给个分数；你写了初稿，教师又给个分数；最后不合格还要修改，直到通过。这样，学生无法忽视教师的指导，教师的指导就真正能"落地"变成学生实实在在的进步了。当然，这会比较费时间。我觉得美国高中的这种作文训练方式作为提高学生作文水平方式之一种，中国老师也不妨试一试，初中和小学也可以酌情借鉴其中部分经验。

2016 年 8 月 18 日

26. 美国教师眼中的名师雷夫

可能很多中国老师都看过《第56号教室的奇迹——让孩子变成爱学习的天使》，而得过"总统国家艺术奖"和"全美最佳教师奖"的美国五年级教师雷夫·艾斯奎斯在2013年访问中国的时候更是掀起了一股旋风。在中国教育界人士看来，雷夫·艾斯奎斯的教育实践好像就是解决中国目前教育问题的最佳方案了：他的学生来自贫穷的家庭，可是他们不仅标准考试的成绩高，而且素质也高，他们能演莎士比亚的话剧，能打棒球，会理财，有各种成年人才具备的生活知识和能力。用四个字概括就是"高分高能"！当地很多家长都希望把孩子送到他的班上去。

然而，这样一位和我同在加州的明星老师，我以前竟然从来没有听说过！我读的是小学教师执照课程，教授完全没有提过这位老师以及他的课堂实践。有位网友问我怎么看这位在中国大热的美国老师。我趁着午餐的时间，随机问了二十几位学校的同事，他们中有年纪大的也有年轻的老师，可是竟然没有一个听说过雷夫·艾斯奎斯！有一个老师几年前看过《第56号教室的奇迹——让孩子变成爱学习的天使》，但是忘记了原来书中说的就是雷夫·艾斯奎斯。想了解一下美国普通老师怎样看这位在中国教育界人人皆知的明星教师好像很困难。

刚好，我们教师工会的副会长来学校视察。她已经年届60，曾经当了二十几年小学教师，后来才成了我们这个校区的脱产教师工会副会长。我一问她，她果然知道雷夫·艾斯奎斯。

"您是怎么看这位明星老师的？"终于遇到了一位知道雷夫·艾斯奎斯的美国教师，我很兴奋。

"雷夫·艾斯奎斯是一个很有魅力的帅哥,这是他的天生优势。同时,他是加州大学洛杉矶分校毕业的,从全美排行前20的公立名校出来的人,哪一个不是多才多艺?其实,我们更需要知道雷夫·艾斯奎斯为什么能那么成功,对不对?"副会长这句话真的一针见血。

雷夫·艾斯奎斯为什么能取得成功?教师工会又是怎样看他取得的成功的?

第一,他清楚知道来自贫穷社区的孩子学习成绩差的最根本原因是社区的坏影响和家庭不重视。美国的小学早上九点上课,下午两点半就放学。来自贫穷社区的孩子放学回家后就面对酗酒吸毒的父母,或跑到社区跟打家劫舍的黑帮混在一起,能有希望成为好学生吗?而雷夫·艾斯奎斯班里面的学生,早上要提前上学,下午要到六七点才回家。每天比其他学生多出五六个小时在校时间,他们排练话剧,制作舞台上用的道具,打棒球……这根本就是私立学校的贵族学生才能享受的待遇,他们能不脱胎换骨吗?

但是,从工会的立场来看,雷夫·艾斯奎斯是一个很坏的榜样。因为工会跟教育局签署的合同是老师每天只工作七个小时,其中一个小时还是午餐时间,而雷夫·艾斯奎斯这样加班,有谁给他发加班费?假如所有的老师都这样做,工会还有筹码为老师争取权益吗?

第二,美国的小学基本是一个老师教所有科目,因此,小学老师在自己的班里面有比较大的自由:每天教几个科目的课,用多长时间教,基本都是自己决定。问题是,没有多少老师是全才,英语好的人,数学未必很好。于是,美国的小学老师会用很多的时间教自己擅长的科目,自己不擅长的科目少教或者不教。同时,因为美国老师的薪水低,毕业于名校的学生没有多少人愿意当老师。所以,美国公立小学的老师水平普遍比公立高中的水平要低。然而,雷夫·艾斯奎斯是毕业于名校

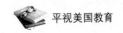

的老师，他的知识水平比一般老师高很多。因此，他才能够让他的学生成为莎士比亚话剧近乎专业的演员和舞台技师，还能得到近乎专业的棒球训练，这些是无法复制的，因为我们不可能要求所有小学老师都毕业于加州大学洛杉矶分校，或是哥伦比亚大学教师学院（全美最有名的师范学院）。

从工会的立场来看，工会不鼓励复制雷夫·艾斯奎斯的成功，因为这会导致学校的校长在聘请教师的时候无理地要求教师必须多才多艺，会教篮球、棒球，会教音乐、话剧等，这样是对其他师范课程毕业生的歧视。最重要的是，假如教师自发地因为兴趣而给学生开很多兴趣班的话，那不具备这些才能的教师必然会显得很糟糕，这会不会导致校长给他们差评？

最后，副会长强调，雷夫·艾斯奎斯是一个极为出色的老师，他的教学方法和理念，还有他的课堂管理方式，都非常值得学习。然而，这一切都是建立在他以私立学校的方式来管理和教育学生的基础上。这在出身于私立名校的人看来当然是非常好的，所以他得到的那些奖，大部分都是社会的统治阶级（美国总统、英国女王）颁给他的。可是在劳工阶层看来，他给学生的这种教育太奢侈了，国家根本无法负担，只能够要求我们老师无偿付出。

正因为如此，雷夫·艾斯奎斯才没有被美国教育界作为一个学习榜样广泛宣传，很多人才不知道这位明星老师。反而在中国，他的名气更大。

（《给学生无限可能——细说美国教育》，第29-31页）

我读了上面的材料，有下面的感想。

第一，教学水平高低，关键还在于教师本身的素质。雷夫老师的成功，是由于他本身素质高于其他老师，又有奉献精神。

第二，教师教学水平的提高与学生的学习时间有一定关系，想用和别人同样的时间取得远远超出别人的效果，对绝大多数学生来说，是不现实的。雷夫老师教的学生的成绩，在一定程度上正是"加班加点"的结果。所以，我们对"减负"和"加负"不可做绝对肯定和绝对否定的评价，要具体情况具体分析。按美国教师工会的标准，雷夫是在"增加师生负担"。他错了吗？

第三，要提高教学水平，不能等上级，不要盲目相信什么"专家"，不要看周围人的脸色，自己认准方向努力就是了。雷夫就是这样走过来的。

第四，美国的教育体制是"看人下菜碟"的。他们把精英子女放到私立学校，期望值甚高，督教甚严，而下层老百姓的子女，则放进公立学校，师资力量不强，管理甚宽松，早早就放学了。我看这实际上是变相的放弃。像雷夫这样的老师有几个？请注意这些话："副会长强调，雷夫·艾斯奎斯是一个极为出色的老师，他的教学方法和理念，还有他的课堂管理方式，都非常值得学习。然而，这一切都是建立在他以私立学校的方式来管理和教育学生的基础上。这在出身于私立名校的人看来当然是非常好的，所以他得到的那些奖，大部分都是社会的统治阶级（美国总统、英国女王）颁给他的。可是在劳工阶层看来，他给学生的这种教育太奢侈了，国家根本无法负担，只能够要求我们老师无偿付出。"这就可见，美国的教育制度，主要是为上层服务的，在私立学校读书的，恰好是上层人士的子女，然而介绍到中国来的，往往更多的是美国公立学校的情况和经验。这一点要十分注意。我们不要以为我们听到的看到的就是美国教育的全部，更不要以为公立学校那些东西都是最先进最有效的。

2016 年 8 月 19 日

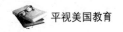

27. 美国教师怎么看新教育法

2015 年 12 月 17 日下午，林肯高中全体教师在圣诞节假期之前开了员工大会。

校长宣布了一个重大消息："昨天，《不让一个孩子掉队法》正式宣告落幕了！我们胜利了！"

"耶！"大家齐声欢呼，帽子与学生的试卷齐飞，"去他的考试吧！没有统考啦！"

"但是……"校长的声音从扩音器里传出来，"我们又有了一个叫作'每一个学生成功法'的法案了，昨天正式通过的！统考嘛，会以新的形式出现……"

"噢……"正在兴奋庆祝的老师们顿时像泄了气的皮球，纷纷落座了。

国内的老师可能不明白，为什么美国老师不喜欢统考。

《不让一个孩子掉队法》是小布什时代一部影响深远的教育法案。这个法案最大的特点就是"统考"和"教师资格"。进入新千年以后，美国高科技行业的大佬们发现大部分由美国基础教育，也就是公立教育培养出来的学生都不具备基本的学术素养，连当个生产线工人都不合格，因此才极力游说国会出台教育法案，采取具体的措施保证公立学校的学生毕业以后具备起码的学术素养，起码不会是文盲。于是，布什政府颁布了《不让一个孩子掉队法》，规定各校区假如要得到联邦政府的教育拨款，必须达到政府认可的统考各项指标通过率。假如哪些学校没有通过，就必须采取措施补救；假如仍然不能通过，就要炒掉全校的校长和教师员工，关闭学校，另起炉灶；假如统考成绩有进步，则全校有奖。统考成绩是向全社会公布的，因此，那些成绩差的学校，会在报纸、电视、网络的全面曝光下，变成人人避之唯恐不及的学校。

设置这个统考的初衷是好的，可是并不符合美国的国情。长期以来，美国公立学校的学生就是根据学区来入学的，在豪宅区居住的都是事业成功人士，他们之所以能取得成功，大部分是因为他们读书读得好，当然家长也重视教育，对孩子要求严格。另外，豪宅区的房子价格昂贵，交的房产税也高，而美国公立学校的主要经费来自房产税，所以豪宅区的学校设备自然好，也能给教师比较高的工资，能吸引优秀人才去任教，这样，"好区"的学校学生统考的成绩当然就要比中下层或者贫民阶层的学校的学生统考成绩要高。现在政府要按照统考成绩来奖励成绩好的学校，惩罚成绩差的学校，必然造成好的学校成绩越来越好，差的学校成绩越来越差，两极分化。再加上强制关闭学校的威胁，未来的趋势必然是差区的学校全部被关掉，穷人没书读。由于法案的提议人是出身于富贵家庭的议员们，因此完全没有看出这个弊端。

统考的另外一个弊端，是规定到某一年，全国参加统考的学生都必须100%达到"满分"的标准。这在统计学上是不可能实现的。美国的统考不是按照学生的卷面分数来评分的，而是使用标准计分法，即根据参加考试的人数和成绩，使用数学公式来判定参加考试的人群中有多少是前百分之几，多少是中间百分之几，多少是后百分之几，重新排队决定分数，因此，所谓"满分"，根本就是统计学公式里面得到的最高分的一个百分比，这个百分比永远是小于100%的。法案要求100%达到"满分"，在数学上完全不可能实现，因为全国统考后绝对不可能所有学生的成绩都一样。

然而，法案通过了就是法律，即使再没道理也要被执行。于是，在法案被执行的时候，"上有政策，下有对策"的美国各级教育机构的做法可谓五花八门。比如，旧金山校区为了避免好区的学校统考成绩越来越好，差区的学校没人去，统考成

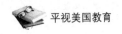

绩越来越差，就强制把好区的学生分配到差区学校，把差区的学生分配到好区学校，制造出"差区学校取得大幅度进步"的假象。而美国某些州有非洲裔和墨西哥裔新移民较多的校区，因为无论怎么做，校区的成绩都是很难提高的，为了避免失去联邦拨款，于是从上到下集体作弊，结果从教育局局长到校长都被关进监狱。

统考带来的弊端还不止于此。美国的公立学校长期以来都没有考试文化，甚至没有考试，老师根本就不知道如何教学生应考。于是，稍微懂一点儿应考训练的老师的班级，即使学生的程度很差，都有可能考出优异的成绩。比如，我每年都有两个新移民班，英语能力极差，我只是给他们进行一点儿中国式的应考训练，就让他们每年的统考成绩都在全校区的平均分以上，远远高于其他老师教的学生了。

最后，因为在联邦教育法里面出现了统考，导致州和地方的教育法也"顺便"规定要统考，一时间，美国的学生们从几年前的根本没有任何考试，到每隔一两个月就统考一次，学生们叫苦连天，老师们也拼命吐槽。因为美国每一次统考，都是必须按照标准考试的方式来进行，在中国一节课能考完的东西，在美国非得弄个一天，久而久之，统考就占了很多课时，老师根本就没法教完课本要求教的东西了。比如，在旧金山校区，每年五月底开始放暑假，统考是四月中进行的，这就意味着老师必须要提前一个多月讲完课本里的东西，并且训练学生应考。这根本就是不可能完成的任务！再加上地方的统考占用了授课时间，老师们实在是苦不堪言。

现在，新通过的《每一个学生成功法》，把统考的形式和次数决定权都交回到州和地方政府，让各个统考成绩一直很糟糕的校区和学校都大大松了一口气。但是，统考仍然存在，这把悬在头上的达摩克利斯之剑仍然会砍下来。怎样才能让苦苦挣扎中的成绩落后学校或者校区达到法案的要求呢？这就需要各校区具有极大的创造力了。

（《给学生无限可能——细说美国教育》，第32—35页）

美国教师如此讨厌统考，看来既与饭碗有关，也与习惯有关，不过我感觉可能还有更深层次的原因，以后我们再慢慢研究。这里先谈点有关法律的问题。

有人告诉我们，美国是一个法治国家（其实说是"钱治"国家可能更准确），美国人普遍有法治观念，敬畏法律而且守法，我们也就信了。可惜我们在这里看到的情况并非如此。这里的老师对《不让一个孩子掉队法》和《每一个学生成功法》采取的是抵制和嘲弄的态度，而且在"上有政策，下有对策"方面，在违法的胆量方面，不输中国某些人。我真的看不出他们的守法意识比中国人高明多少。要知道这都是老师呀，文化人，按中国的标准，皆为知识分子，为人师表的。

这就可见，无论哪国的法律，都不可能符合所有人的利益，对待法律，人们实际上都是"各取所需"。而法律的性质，就要看总体上对哪些人有利了。作者说"由于法案的提议人是出身于富贵家庭的议员们，因此完全没有看出这个弊端"。也可见美国的法律制定者同样会犯高高在上、不接地气的毛病。我说过，官僚主义是没有国界的。

美国为什么要搞《不让一个孩子掉队法》？作者说："美国高科技行业的大佬们发现大部分由美国基础教育，也就是公立教育培养出来的学生都不具备基本的学术素养，连当个生产线工人都不合格，因此才极力游说国会出台教育法案，采取具体的措施保证公立学校的学生毕业以后具备起码的学术素养，起码不会是文盲。于是，布什政府颁布了《不让一个孩子掉队法》……"如果作者此言非虚，那么至少美国的公立学校就说不上有什么"素质教育"了。这种教育的姿态和老板给打工仔做的临时上岗培训有何区别？国家并不关心提高这些孩子的全面素质，关心的只是让他们成为合格的"劳动力"。我们这才明白，不考试的教育未必就是素质教育，只有真心实意地关心每个学生德智体全面发展的教育才是素质教育。堂堂世界第一富国，竟然对自己的国民提出了"起码不会是文盲"的"高标

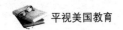

准", 真是不可思议。

　　处于中国的环境, 我们总认为考试是造成学生两极分化的唯一原因,
现在我们才知道, 不考试, 没有应试主义, 学生照样可以两极分化, 而且
分化可能更严重。

2016 年 8 月 21 日

28. 美国教师如何给学生打分

中国人说有钱就任性，可是，美国的高中老师没钱也能任性，因为他们掌握着给学生分数的大权。对美国高中生而言，平时成绩是非常重要的，因为在申请大学的时候，大学要看学生在四年高中里每一个科目的学期总评成绩。假如一个学生每年上 6 门课，四年就是 24 门课，假如想拿到总平均分 4.0 的话，就意味着 24 门课都必须拿 A。

按照一般的评分标准，学生在一门课里面只要拿到了 90% 的分数，这门课就能得到"A"的成绩了，4 分到手好像并不太难。然而，要拿到 90% 的分数，并不那么简单。

首先，美国老师在评分的时候，不像国内那样完全由一次考试决定，通常，会分成若干个不同的功课类型，比如，课堂作业占若干分，家庭作业占若干分，综合项目占若干分，平时测验占若干分，期末考试占若干分等。而这些不同的功课类型，每一类占的百分比有多大，完全由任课教师自行决定，任性程度三星级！（之所以是三个星，是因为不少高中都有规定，上同一门课的老师的功课类型的评分标准必须统一。也就是说，有多少个类型，每一个类型占百分之多少，所有老师都必须一样。）假如想得到 90% 的分数，就意味着平时作业、课堂练习、综合项目以及每一次测验考试都必须得到 90% 的分数以上才行。假如某一门课有两位老师教，A 老师设定期末考试成绩占 90%，其他作业加起来占成绩 10%；而 B 老师设定期末考试成绩只占 10%，平时作业占 90%。那么，被 A 老师教的学生就很有可能因为期末考试考砸了，拿不到 A；而被 B 老师教的学生，很有可能期末考试成绩不及格也仍然能得到 A！

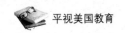

其次，即使任教同一门课的老师的评分标准是统一的，但学校通常无法统一要求每一个类型、每一位老师会出多少次作业，任性程度四星级！数学常识告诉我们，假如某一种类型的作业出现次数越多，学生拿低分的几率就越低。比如，A老师一个学期会组织100次测验，有学生在其中10次测验中得了0分，其余的测验则全得100分，那么该生在测验这一类型的作业里面仍然能够得到90%的分数，还能拿A。可是，假如B老师一个学期只测验一次，某学生不幸刚好得了一个0分，虽然只有一次得0分，可是在测验这个类型的作业中就直接拿不及格F了。而每一类的作业究竟出多少次，学校是无法统一的，因为老师可以说："我要根据我的学生的具体情况来出作业和测验！"

最后，假如某所高中完全按照大学的方式来评分，也就是将作业类型、所占比例、出现次数都完全统一，美国老师还可以任性一把：使用"二次评分法"。二次评分法是很多大学和高中的教师都在使用的，这种评分方式就是教师在每次作业批改完以后，按照全班的成绩分布重新再评一次等级，有时候还根据统计学的分布方式来重新评等级。也就是说，你考试可能（100分满分）拿90分，但是若和你同班的同学全都是95分以上，经过二次评分以后，你的90分就是分布在"不及格"的区域里面了。于是即使你拿90分，仍然是不及格，拿F。当然，也会有幸运的时候，比如你得了40分，可是和你同班的同学全部都在30分以下，于是你荣登A的行列。这种评分方式，使学生对自己的成绩完全无法控制，任性程度五星级！

有人可能会问：高中的平时成绩对考大学那么重要，要是在中国，老师肯定100%都给学生们满分啦！怎么还会变着法子虐待学生，用各种办法让学生很难得到优异的成绩呢？

理由就是：第一，美国的高中，尤其是公立高中，没有"升学率"这个概念。学校有没有学生考上名牌大学，对该校的校长、老师的工资或者工作条件不会有任何改变。因此，老师们没有任何理由给学生高分，反而有无数的理由给学生低分，包括那些并不算理由的理由，比如，心情不好，学生上课时太调皮、顶嘴等。

第二，美国教师跟医生、律师、会计师、工程师等一样，都属于专业人士。凡是专业人士都有自己的专业判断。因此，任何人都必须尊重教师的学术自由，包括如何评分、怎样教学生等。因此，在美国绝对不会出现"没有教不好的学生，只有不会教的老师"这类说法。假如一个老师认为某个学生无法达到某个学术标准，就不会盲目地给这个学生高分。

正是以上两个原因，才让美国的大学在招生的时候，敢于把学生的平时成绩当作一个重要因素来考虑；同时，也会认真考虑高中老师的推荐信，因为大学都知道高中的老师没有理由胡说八道。

正因为美国的高中老师在给分的时候很任性，因此在美国读高中，学生们假如想得到好成绩，就必须知道光是勤奋是不够的，还必须懂得一些窍门。比如，假如你不是超级天才和学霸，就要尽量避免去那些学霸集中的学校或者班级，否则，老师若来一个二次评分，你就吃不了兜着走了，随时可能会考99分却不及格。还有，假如某位老师的评分哲学是，"A是上帝得的，B是神仙得的，凡人只能拿C以下"，当然也要避之大吉，千万不要选这种老师的课！所以，每年开学，我们经常看到高中的顾问办公室门口排着一大队学生，全都是希望改课程表，避开那些任性、恐怖的老师的。来自中国的学生和家长，是不会明白其中的诀窍的。

（《给学生无限可能——细说美国教育》，第36-38页）

这部分内容，我初看感觉是不错的。所谓"任性"包含着美国教师可贵的主体性，也说明了美国教育对专业人员的尊重，而这正是中国现

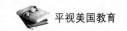

代教育缺乏的东西（中国古时候不是这样，私塾先生更"任性"，他们的专业性也受到了相当的尊重，教什么，怎么教，自主决定，古代官员不轻易干扰教书先生的工作）。后来站在学生的立场上想一想，有些可怕。因为如此评价学生的方式主观性和随意性太强，要是落到一个死活不愿给学生高分的老师手里，学生就太悲催了，这也不公平。这种办法恐怕也有问题。

于是我想到了教育的专业性问题。原则上说，一个工作专业性越强，行政人员对专业人员在专业方面的干涉应该越少，因为你不懂，干预就是瞎指挥，于事无补，甚至可能有害处。最近有报道说国家在科研经费的管理上就给了科研人员更多的自主权，我觉得这是很对的。当官的不恋权，国家才能振兴。教育也是如此，现在行政方面对教育的专业方面干预太多了，教什么，怎么教，弄得太死板，结果教师怎么看怎么不像专业人员，倒像是流水线上的打工仔了。我认为教育行政部门强行推广任何一种具体的教学方法都是错误的，无论这种教学方法多么先进，也无论主持者有多么良好的愿望，因为这就意味着蔑视教师的专业尊严，结果只能降低教师的专业自尊和自信，降低教师的专业能力。说得极端一点，教师根据本校本班情况自主决定的做法，即使错了，也比机械地照搬上级指示做对了更有价值，因为从长远看，走这条路他的专业水平能得到切实提高。

不过话又说回来。我说过，教育属于最不专业的专业，最不科学的科学，因此对待教育专业人员，要给他们以自然科学专业那样多的自主权，恐怕就过火了。我觉得美国有这个问题，教师自主权很多，而他们的工作并没有像自然科学那样具备科学性和专业性，他们就显得很主观、很随意、很任性，别人又没有办法限制他们。这对教育的发展是不利的。可见，对于教师，对于教育专业，行政部门究竟管些什么，管到什么程度，这是非常值得细致研究的问题。

2016 年 8 月 24 日

29. 美国有班主任吗

在美国的教育制度中，有一个很重要的角色叫"顾问"，有时也翻译成"辅导员"……这个角色在中国的教育里面是没有的。无独有偶，中国的中小学教育里面也存在一个很重要的角色，叫"班主任"，也是美国没有的……在中美两国的教育中，顾问和班主任的角色有相似之处又有不同之处，体现了两国教育思想的差别，那就是：在美国教育中，成年人的角色是启发、帮助和引导学生；而在中国教育中，成年人的角色是管理和控制学生。因此，从校内的职位、专业的训练和工作的内容上来看，两者相差很大。

从校内的职位来看，美国学校里的顾问完全不上课，是全职的辅导员；而中国的班主任经常同时兼课。美国全职辅导学生的顾问，在时间和精力上，都比同时要兼顾批改作业、辅导考试和备课的兼职教师，要来得更加充裕，辅导的效果更好。

从专业水平来看，美国学校的顾问上岗要求非常高：不仅需要教师执照，还必须有学校心理顾问的硕士学位，要受过专业的心理治疗方面的训练。反观中国的班主任，则绝大部分是在职教师，很多人没有受过任何专业的心理治疗、心理辅导方面的训练。这种先天不足导致班主任最擅长的技能就是管理和控制，在对学生进行心理上的帮助和引导时就常常感到力不从心，更谈不上做心理治疗了。

从工作的内容来看，美国学校的顾问除了负责学生的心理辅导以外，还负责帮助学生选课和确定未来的升学方向。但是，顾问的工作以启发、引导为主，并不强迫学生接受自己的观点和看法。比如，一个成绩不好的学生希望申请一所名牌大学，顾问并不会说"你根本没可能"，更加不会以提高学校的

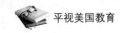

升学率为目的劝说学生申请名校中那些并不适合该生读的专业。而是告诉学生，名牌大学的录取条件是什么，学生目前的成绩怎么样，让学生自己比较，发现差距在什么地方。当然，美国学校的顾问也不会干涉学生谈恋爱，甚至对于抽烟和酗酒的学生，也只是告诉学生，在学校周围多少米以内抽烟犯法，没到 21 岁喝酒也犯法，留案底的后果是什么，仅此而已。当学生严重违纪、违规或违法时，顾问就把案子交给训导主任，由另一个专业人士处理了。

综上所述，美国的顾问是全职的，中国的班主任是兼职的；美国的顾问是专业的，中国的班主任是业余的。因此，这必然决定了美国的顾问在工作性质上更多的是帮助学生，引导学生，用专业的辅导让学生选择自己要走的路，从而发展自己的个性，成为对社会有用的人。但是，中国的班主任的工作性质只是把学生管好，为升学服务。因此，必然会出现高压管理和控制思想的行为。所以，从上面的比较就可以看出，美国的教育比较人性化，注重学生的个人发展；而中国的教育则希望管好学生，让学生成为社会的听话螺丝钉。而顾问和班主任这两个职位的不同，恰好就反映出了这两种不同的教育观。

（《给学生无限可能——细说美国教育》，第 39-40 页）

愚以为，以美国学校的"顾问"比附中国学校的"班主任"且比较二者的优劣，很不恰当，因为顾问与班主任根本是两码事，它们的角色要求完全不同。

中国的班主任不是单纯的专业人员，他在一定程度上还是一个行政班的领导者，有繁重的管理任务。在拙著《做一个专业的班主任》中，我分析了中国班主任的六种角色要求：教育型的管理者、学习指导者、学生的平等对话者、学习者、心理工作者、家庭教育指导者。其中第一个角色要求"教育型的管理者"就有行政色彩，所以中国的学生在一定程度上是把班主任当成"上级"的，这不能简单地看成官本位传统的流毒，应该说这也是现实的需要。中国学校的班额普遍较大，以40人左右的班级为多，这么多人没有人管理是不行的，而只要一说管理，就一定有上下级，同级是谈不到管理的。还有一个文化传统的问题，中国人必须有个"家"，才有归属感，孩子尤其如此。中国的学生潜意识里总会把班级看成一个"家"或者"家"的替代品，而班主任，就貌似一个"家长"了。

古人云师徒如父子。这种思想已经深入中国人的骨髓，不是轻易变得了的。很多学生把班主任称为"亲老师"以区别于其他任课教师，这显然是师徒如父子意识的另一种表现形式。我们都当过学生，回忆当年，你见到班主任和见到其他老师感觉是不一样的，一般总是对班主任更怕一些，因为你知道，他是"管我的"，而真遇到事情，学生首先会去看班主任的脸色。有些人把这归结为"奴性"，我觉得太简单化了，这其实和孩子遇事找妈妈的道理相似——中国的班主任有权威，但是责任也更重。学生出了问题，美国的顾问是不负责任的——不归我管，中国的班主任就不行。我还记得当年我做班主任时（大概是上世纪70年代末），我班的一个女生（初中）和母亲闹矛盾，居然绝食抗议。这位母亲想尽办法都无法让孩子吃饭，无奈之下端着一饭盒饺子来找我，请我去劝劝孩子。当时孩子正在工厂学工，在车间里干活。我就端着饭盒成了说客。学生冲着我的面子，把这一饭盒的饺子吃了（我看着她吃），母女二人关系也就缓和了。后来这个学生和我关系一直很好，多年后我在一个商店里见到她，她在做售货员。她见到我特别亲热。你看，这就是中国的班主任，不是有点像他们家的一个长辈么？美国学校的顾问，没有那么多的角色要求，他更像一个专科医生，只管心理辅导和职业指导。如果用医生来做比喻，中国的班主任更像是"全科医生"，什么都得会，虽然未必都能精通，但是必须全面。经验告诉我们，管理能力差的老师，即便书教得好也当不好班主任。千万不要小看班主任这个活儿，可不是好干的。美国学校的顾问若到中国来当班主任，未必能胜任。我觉得美国小学包班的老师与中国班主任的角色更接近一些，而中国大学里的"辅导员"则与美国中学的顾问更接近一些，把美国中学的顾问与中国学校的班主任相提并论，不靠谱。作者说："美国的顾问在工作性质上更多的是帮助学生，引导学生，用专业的辅导让

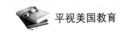

学生选择自己要走的路，从而发展自己的个性，成为对社会有用的人。但是，中国的班主任的工作性质只是把学生管好，为升学服务。"这种说法很片面。美国的顾问的角色本身就决定了他没有管理职能，自然只能引导和辅导学生，不能把这简单地归结为"教育观"的差别。

中国的班主任最突出的角色特点是行政、业务一肩挑，管理、教育一肩挑。这有一个很大的好处，就是容易把教书和育人结合起来，不致分离。班主任不是"局外人"，他和学生生活在一起，就可能对学生了解得更全面一些。美国的顾问除了学生的心理问题和未来职业问题之外，其他事情都可以不问，有点像"局外人"，与学生的关系容易出现隔膜，对教书育人并不利。但我们的班主任制度有一个弊端，就是容易出现"角色失衡"。要知道，和行政相比，业务处于弱势；和管理相比，教育也是弱势，行政任务和管理任务属于硬任务，班主任肯定先注意领导布置的任务，这样一来二去，班主任的业务角色就日益弱化，行政角色日益强化，最后班主任就越来越像一个执行上级指示管学生的"小官"，而不像专业人员了。这当然会严重阻碍教师专业素质的提高。

怎么解决这个问题呢？一个办法是取消班主任制度，在学校设置专门负责管理和训导的教师。我印象里民国时期实行过这种制度，这种教师叫"训育主任"，我母亲就在这样的学校里上过学。当时的教师只管教书，学生出现纪律问题就找训育主任。我觉得恐怕这种办法现在继续实行可能会造成失控，因为现在的班级人数太多，即使一个年级设一个训育主任，他也未必能应付。我当年做教师时有个体会：只要班主任坚守岗位，即便一个学校的校长、主任全出差了，学校也能照常运转；若是班主任不在了，甭说一个年级，即便有一两个班主任请假，感觉学校就会有点异样。班主任是学校的定海神针。可不可以试试美国的办法（走班制、设顾问）呢？我想在高中可以试一试，不过我觉得即使某个学校试成了，也很难推广。我现在能想出的较好的办法是这样的：淡化班主任的行政职能，强化其专业性。我觉得班主任应该有准入门槛，实行资格认证制度，要培训，要考试，合格后才有资格当班主任，应该有一门叫作"班主任学"的学问，它有相对完整和大致严密的知识体系，师范院校应该教授这门学问。一个教师当了班主任，应该算是做了两份工作，当然，也应该有相应的报酬，我觉得现在的班主任费，随意性太强了。未来的班主任，不但有一个你愿不愿意做的问题，而且有一个你够不够格的问题。这种办法肯定不能马上全面实施，恐怕要有一个逐步实施的过程，但我觉得这个方向可能是对的，符合中国国情。

2016 年 8 月 25 日

[补记]

班主任设置准入门槛，实行资格认证制度之后，我认为有两个问题可能会凸显。

一个是班主任的专业尊严和学术自由问题。既然承认班主任是一种专业，就应该尊重班主任的专业尊严和学术自由。也就是说，教育局和学校领导不能瞎指挥。学校一般是检查、评比过多，搞全面的时空占领，班主任疲于应对，几乎没有自己的专业活动空间，想实现个人的一些专业想法，只能"抽空"进行，甚至"偷偷摸摸"进行，这很不正常。我当年离开班主任工作和教学第一线，就与此有关。我真的喜欢和学生在一起，一走上讲台就精神百倍，离开学校我很不情愿，但是又很乐意，因为可以逃离那些无谓的检查、评比，少浪费很多时间，集中精力研究教育。你想，你明明白白地看着某些实际上不懂教育的上级领导瞎指挥，不得不跟着起舞，还要佯装得了锦囊一般，这是什么滋味？我确实忍无可忍，只好走开。其实，教育局局长或校长并不需要一定是专家，你只要尊重教师的主体性，把该管的地方管住，别管得太多太细，别急于出个人政绩，就是好领导了。

我遇见过这样的校长，他叫王子余，是个工农干部，没什么学问，但他把学校治理得很好。他的秘诀就是抓大放小，管得很少，遇事总是和老师们商量，很民主。老师们最怕的是那种自以为肚子里有点墨水，自以为很懂教育的校长，这种校长出的新招是一个接一个的（有些是到外地或外

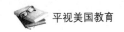

国学习后直接搬来的），都是折腾老师的，好像不把老师们的身体和头脑都掏空就誓不罢休。针对这种情况，我主张教育界应该有法规明确规定教师有哪些工作领域属于学校领导不得随便干涉的。比如检查、评比，不是不可以，但学校领导应该与班主任协商，共同决定评比什么，怎么评比，不能由校长一拍脑门就定下来。其实，与老师协商的办法现在就可以实行，不必等待班主任资格认证制度和有关法规实施之后。中国有些人管人的瘾头实在太大。我发现有的人觉得手底下人越多，管的事情越细，自己越有价值。有的人当老师的时候也反对校长管得太多，然而一旦被提拔成校长，他比原来的校长更狠。这是一种扭曲了的人生观、价值观，一定要逐渐加以改变。

另一个问题是班主任与科任教师的关系问题。一旦实行班主任资格认证制度，科任教师就有可能把更多的教育问题推给班主任。这个问题现在就有，班主任资格认证制度实施之后可能会更严重——我只管教书，学生有问题，对不起，找班主任。这也得把话说清楚，要通过调查研究征求全体教师的意见（班主任和非班主任的意见都要征求），制定一些具体的条文，哪些事情是科任教师自己必须负责的，哪些问题是班主任的责任。比如，班级成了乱班，除了班主任，谁上课都困难，这个责任就应该主要由班主任来负；反之，科任教师上课大多没有问题，唯有您上课乱糟糟，那恐怕您自己的问题就多一点了。如此等等。规定清楚了，既可以防止班主任工作范围无限扩大，也可以防止科任教师教书不教人。这件事其实现在也可以做，不必非等到未来班主任资格认证制度实施之后。我发现有的学校一直该做的基础工作不去做，却天天忙着赶时髦。太浮躁了。

2016 年 8 月 26 日

30. 中美两国教师的负担

在中国的许多学校，因为教师每天上课的时间比美国教师少得多，因此，很少需要请代课教师，某个老师有病来不了，同一个科组的老师用自己不上课的时间去帮忙代课就可以了。但是，在美国的学校，假如某个老师不能来上课了，就一定要请代课教师。

美国的小学是一个老师教一个班，而且要教所有科目的课。一个学校有几个班，就有几个老师，老师一分钟都无法离开自己的学生。假如老师有病有事，即使是离开一两个小时，学生就没人管了，一定要请代课教师。美国的中学虽然是走班制的，但是，每个老师每天要上五节课，也是一节也不能走开，走开了也没有人可以给你顶一下，因为人人都上五节课。所以，假如某天某个老师不能到学校上课，就要事先请代课教师了。

（《给学生无限可能——细说美国教育》，第 41 页）

加州的教师每年工作 180 天到 184 天，每天工作 7 小时。没有坐班制，没有班主任制度，也没有任何职称评比、升学率压力等。

（《给学生无限可能——细说美国教育》，第 47-48 页）

我做过 20 多年中学语文教师，不记得有哪一天上过 5 节课，一般是 2 节课，偶尔某个学期把作文课连排，一天上 4 节课，就觉得挺多的了。像美国小学那种教师一分钟也不能离开学生的日子，我想起来都觉得恐怖，虽然他们号称不坐班，我看比坐班还厉害。可是人家没有评比和升学压

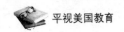

力，这真让人羡慕。这样看起来，中国教师和美国教师究竟谁负担重谁负担轻，还真不好说。可见，不同国家不同文化有时是无法比较的，它不是在哪一点上的差别，而是整个背景都不一样。这也就告诉我们，学习外国经验，确实不能照搬，因为你能把某个办法搬过来，却无法把那个体制和文化氛围也搬过来。

2016 年 9 月 1 日

31. 美国小学流行"主题式教学"的原因

美国的小学长期以来都是没有教材的。主要的原因是小学里一个老师管理一个班级，要负责教所有的科目。因此，教师无法根据课本一科一科、一课一课地教书。在实施了《不让一个孩子掉队法》（该法案已于2015年12月16日被废除）后，学校还要统考，还要向全社会公布升学率，于是重新规定必须要有课本，这样教师和学生才知道该考什么。但是，要按照课本来教学，必然导致很多小学的教学法无法进行。比如，"以主题为主的多科整合式教学""挑战式探究教学"等，因为各科的课本不是按照多科整合的主题式来编制的，必然要经过教师的加工。一加工，必然会打乱课本原来的系统。因此，小学的教师们现在比较痛苦，因为主题式教学驾轻就熟，可是统考按照课本来考，考试的时候可能有些内容还没教到。美国某些州还把教师的工资跟学生的统考成绩挂钩，学生考不好，教师要喝西北风，因此，这个问题已经严重影响美国小学的教学现实了。

（《给学生无限可能——细说美国教育》，第49-50页）

美国的公立学校对于教师执照的要求非常严格，没有某一科执照的教师，是不可以任教这一学科的。因此，在美国的中学，绝对不会让一个物理老师去教数学，或者让一个历史老师去教英语，即使那个物理老师的水平教数学绰绰有余，那个历史老师有英国文学的博士学位。原因就是那个物理老师没有数学的教学执照，那个历史老师没有英语的教学执照。

（《给学生无限可能——细说美国教育》，第47页）

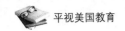

所谓主题式教学，主要特点是打破学科界限，把各个学科整合在一起进行教学。我们过去以为美国小学流行这种教学方式主要是因为它更先进，效率更高，效果更好。现在看起来原因未必这样简单。美国小学流行这种教学方式，重要原因是包班制。既然一个老师包办很多学科（阅读、写作、数学、自然、历史、体育、音乐、美术等，我见到有的材料说，专业性强的音乐、美术、体育、外语由本校专业老师在专用功能室里教学，不包进去），他打破学科界限用主题的方式组织教学就很方便，反正学生哪个学科需要掌握哪些东西他心里有数，早学晚学、先学后学、谁和谁连在一起学都没关系，在这个主题中学生没有学到的某学科知识可以在另一个主题中弥补。总之，只要老师自己通盘考虑就行了。因为没有统一考试，教师的教学即使严重瘸腿（比如数学远不如语文教得好，主题活动数学没整合进去），也很难被发现。主题活动又比较轻松，和玩差不多，学生比较欢迎，又有一个"教学方法先进"的美名，要是我也会这么做，何乐不为！然而一说要统考，这些老师也就不敢玩"主题式教学"了。

若像中国这样没有包班制度，好几个老师教一个班，再搞打破学科界限的主题活动就困难多了，不但教学时间、地点要协调，人际关系要协调，更重要的是学科知识要协调。搞一个主题，数学老师要问，这里面有多少数学知识？语文老师要问，这里面有多少语文因素？美术老师要问，画画吗？音乐老师要问，唱歌还是放音乐？体育老师要问，有活动身体的内容吗？五马分尸，非把这个主题课弄散架子不可。可见，美国小学流行主题课，与包班大有关系，未必是教育理念先进造成的。到中学就不行了，除非某位教师同时手握一大堆教学执照，否则他根本没有资格搞跨学科的"主题课程"。所以我们见到的美国中学的主题教学、任务学习、探究式学习，都是在本学科之内设置题目的。

还有一个问题我一直没搞清楚：美国小学为什么要包班？本书作者认为这是"习惯"了，一直如此，就这样延续下来了。有这么简单吗？会不会还有其他原因？

2016 年 9 月 2 日

32. 美国人不相信"赢在起点"

美国人不相信"不要落后于起点",他们相信的是"不要落后于终点"。所以,全球排名靠前的大学基本在美国,而美国的幼儿园儿童和小学生全在玩。刚刚通过的全美统一课程标准要求学前班四五岁的孩子掌握英语拼音,引起了教师和家长的一片讨伐声,说剥夺了孩子的童真,孩子们没机会玩了。在初中,还有家长组织了"废除家庭作业"联盟,家长们找了很多教授专家写书证明家庭作业对孩子心理的残害,在各地公立学校组织"不布置作业"的运动。既然没有人害怕自己的孩子将来因为不会外语、不会奥数、不会音乐、不会才艺而比别人差,当然就不会有人把孩子从小往补习班送了。

(《给学生无限可能——细说美国教育》,第 53 页)

中国流行的早期教育口号,比"不要落后于起点"更神经,叫作"赢在起点",就是提前打包票。这个口号当然有商业炒作的意思,是忽悠年轻家长,要掏他们的腰包的。不过,有那么多家长甚至教师相信此种胡说,也不是偶然的,说明中国家长普遍目光短浅,对孩子的未来缺乏信心,盲目跟风攀比。在这方面,我们得承认美国家长更淡定一些,眼光更远一些,不像中国家长那么焦虑。其实,美国并非不重视早期教育,那为什么他们宁可让孩子在玩耍中度过童年,他们不怕浪费孩子的大好光阴吗("寸金难买寸光阴")?原来他们认为玩也是学习,而且是比积累知识、学习技能更重要的学习方式。也就是说,美国人对"学习"这个概念的理解与中国人不同。我认为这是值得注意的,确有可借鉴之处。其实,我们周围也有一些这样的例子,有些淘气包,小时候成绩一点也不好,长大了却很有出息,如果你细致观察分析,就会发现,他们确实有些能力是超群的,而这些能力正是在游戏中、在书本之外才能学得到的。所以中国民间也有这样的俗语"淘气的男孩

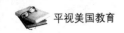

是好的，淘气的女孩是巧的"。这种说法比较片面，得不到主流意识的认可，而在美国，由于有心理学研究成果的支持，就成了主流认识了。我认为这种观点比较先进，比较符合儿童心理。当然，玩也有不同的玩法，不是所有的游戏都有助于孩子的成长，所以，玩也需要设计和指导。另外，不排除有这样一个因素存在，那就是这也是美国统治者忽悠下层百姓的一种计策——你们玩去吧，反正长大了也不指望你们做国家栋梁。这个问题我们后面还要谈到。因此，我不认为我们的孩子在童年里光玩就行了。幼儿园"去小学化"，我赞成，但是我主张不可过分，我认为在幼儿园老师教点知识性的东西、孩子背点东西是完全可以的，不要多，点到为止，孩子爱学不学。事实上，有些孩子很喜欢学，他又不烦，又不累，有何不可？我在指导家庭教育时也对家长这样说，你什么都可以试着教孩子，只要他愿意学，学得会，不烦不累，教多深的东西都可以，不要有什么框框。我儿子还没上小学时，见到一块木板就能丈量而且能计算出它的面积，令周围成年人大惊。我们并没有刻意教他，只是随机告诉了他几次，他很有兴趣，学会了。我看不出这有什么坏处。知识这东西，对幼儿来说，不爱吃硬塞给他吃和爱吃偏不给吃，都是错误的。

美国家长讨伐幼儿统一课程标准，中国却出现过相反的例子。我见到一个报道，一名小学特级教师搞素质教育，学生成绩下降，家长群起而攻之，这位老师只好在家长会上鞠躬道歉。这说明什么？说明学校教育的根本走向不是学校本身决定的，而是由社会风气决定的，有什么样的家长就有什么样的教育。就教育的大方向来说，家长起的作用远比教师重要。因此，老师们千万不要以为凭一己之力就可以扭转乾坤，也不要埋怨家长，与其埋怨家长，不如想想自己做家长的时候，对教育采取什么态度。当然，在学校你也不要泄气，要积极努力，慢慢来，要相信新一代家长总会比上一代明白一些，若干代之后，社会风气变了，素质教育自然就好搞了。这也是愚公移山。

2016 年 9 月 8 日

33. 美国有重点学校、重点班吗

很多人以为美国的教育制度比中国好，还有想象中的、连美国人都没听说过的"素质教育"。因此，像重点学校、重点班，在美国是肯定没有的。

错了！美国的公立学校里不仅有重点学校，而且几乎所有中学都有重点班。

美国公立学校里面的重点学校分为两种，一种是叫"学术学校"，比如学术初中、学术高中等；一种叫"特长学校"，比如艺术高中等。

学术学校的特点是录取学业成绩最优秀的学生。申请进这种学校的学生，要么必须参加一个非常严格的淘汰性的入学考试，要么全州统考成绩和平时成绩都非常拔尖。

特长学校的特点是录取具有某种特长的学生。比如钢琴弹得好，舞跳得好，或者数学特别好等，通过考试选拔，择优录取。

美国的公立学校因为要体现公平的原则，本来是不可以用考试的办法来择优录取学生的。美国是13年义务教育，所以，任何学生想上学读书，只要到校区登记，有住址证明是在该地区居住，就能入读该地区的公立学校，不需要参加考试。但是，美国的教育系统里面还有重要的一环，那就是有一个机制让特别优秀的人才能够得到适当的培养，不会淹没在碌碌无为的人中间。重点学校就是这样产生的。通常，每一个地区只有一所这样的学校，甚至一个州才有一所这样的学校。比如纽约的史岱文森高中，学生全都是精英加天才，1/4 的毕业生进入常春藤大学，校友里面出过8个诺贝尔奖得主。这所高中是通过考试择优录取的。因为这所高中的存在，竟然导致在附近开

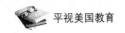

设针对入学考试的补习班成为了一个非常赚钱的产业。

旧金山的洛厄尔高中也是这样一所重点学校，学生是来自旧金山市成绩最好的 2600 名高中生。这所学校是综合全加州统考的成绩和初中阶段的平均学业成绩来录取学生的。

在重点学校读书的学生，在"好成绩、社交活动、睡眠"这三样东西中，只能选择两样。所有学生都是拼了命学习，因为老师是采用二次评分的方式来给成绩的：在班里面排名前 10% 的学生拿 A，次 10% 的学生拿 B，等等。假如全班学生都考 90 分以上，只有你考 89 分，一样是不及格。重点学校里面能比普通高中开更多难度大的学术课程，比如被称为"大学预修课"的课程。即使是同样的课程，重点学校的学生也比普通学校的学生学得快，学得深，因为学生全都学有余力。

由于美国的公立学校的哲学就是提供一个地方让孩子接受教育，并没有规定一定要学到多少东西，更加不会像中国学校那样，一定要硬性规定学生学什么，老师教什么，升学率达到多少。因此，很多差的公立学校其实是学习有困难的学生混日子的地方，教师根本无法有效地组织任何教学活动。在这种情形下，很多学生虽然拿着及格的成绩一直升上高中，但其实什么都没学会，什么都不懂。但是，美国的高中，无论是公立还是私立，都有向大学输送合格学生的任务，这对于学生是否具备一定的学术基础，还是有点要求的。在这样的情形下，大部分公立高中都会开设重点班。重点班的学生成绩一般都比较好，最重要的一点是，他们都是想读书学习，而不是到学校来捣蛋、吸毒、酗酒的学生。而对老师而言，重点班也是公立学校里面唯一能教书的班。在高中，除了重点班以外还有大学预修课程班，也就是学习大学课程的班，这种高于高中程度的班，当然也是重点班的一种。

把程度相当、愿意学习、能力也比较强的学生编在重点班，可以让学生学到东西，也让教师的教学更有针对性。但是，美国教育界的一部分人一直想取消重点班。他们认为重点班歧视非洲裔和拉丁美洲裔学生，会加剧种族隔离，让学生失去自信心等。但是，这并没有阻碍重点班的不断建立，更加没有阻碍初中和小学设立重点班的做法。

（《给学生无限可能——细说美国教育》，第56—58页）

"美国的公立学校的哲学就是提供一个地方让孩子接受教育，并没有规定一定要学到多少东西，更加不会像中国学校那样，一定要硬性规定学生学什么，老师教什么，升学率达到多少。因此，很多差的公立学校其实是学习有困难的学生混日子的地方，教师根本无法有效地组织任何教学活动。在这种情形下，很多学生虽然拿着及格的成绩一直升上高中，但其实什么都没学会，什么都不懂。""对老师而言，重点班也是公立学校里面唯一能教书的班。"如果作者的这些话基本符合美国的实际情况，则我们可以说，美国的公立中小学差不多就是大龄幼儿园，是个存放孩子的地方，国家根本不指望这里的孩子德智体全面发展，其实，这就是放弃。幸亏美国人取得教师资格的门槛还比较高，教师素质或许可以基本保证，不然所谓上学和放羊没有多大差别。有些人总是夸奖美国学生个性突出，发言自由，敢于表现自己，这确实是优点，但恐怕也应该看到，很多孩子的这个优点是牺牲了学业的发展换来的，中国孩子要是从小也这样放羊，长大也会"很有个性"吧？中国孩子学业成绩平均起来显然高于美国孩子，但这也是以"牺牲童年"为代价换来的。能不能既保证学业又不牺牲童年呢？我觉得有可能。这正是我们教改要努力的方向。美国的教育，本质上是为极少数人服务的，表面上似乎人人平等，实际上，大多数百姓在起点上已经输了，后面又没有得到照顾，小时候就生活在"非重点"里，长大了也挤不进精英阶层。

"在重点学校读书的学生，在'好成绩、社交活动、睡眠'这三样东西中，只能选择两样。所有学生都是拼了命学习。"这话告诉我们，"减负"也好，"快乐学习"也好，"合作学习"也好，这些理念实际上都是给大拨轰的老百姓的子弟准备的，在培养精英的私立学校和重点学校，他们

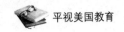

不这么干。所以我推测，那些力主"宽松"的教育理念，很可能是教育工作者面对学生根本不学而做出的不得已的让步和迁就，它反过来又会对学生厌学推波助澜。你想想，几个学生围坐，你一言我一语，聊天一般，这有多么轻松、惬意，即使你完全没学习，也显不出来。这种教学方式非常有利于滥竽充数，若再不考试，那就是小南郭先生们的天堂了。也就是说，合作学习等形式，弄不好就是在"粉饰太平"，师生都在糊弄自己。所以我们在学习这类经验的时候，一定要发扬其正面作用，警惕其负面作用。

2016 年 9 月 11 日

34. 美国教育的阶层固化问题

方老师在书中解释了美国学生没有上补习班传统的几个原因，第一个原因是美国人相信"不要落后于终点"，不害怕自己的孩子将来因为不会外语、奥数等而比别人差。

第二，美国的绝大部分公立学校是 13 年全免费义务教育，学生就近入学。无论是上小学，还是小升初、初升高，全都不用考试。想上好学校，只要有钱能买或者租好学校附近的房子就可以了。旧金山更好，住在越穷的社区，家庭收入越低，越能进入好学校；越有钱，住在越好的社区，越难进入名校。既然是按地段升学，搞定学区房就好了，根本就不需要上什么补习班。

第三，在美国读书比在中国容易。在中国，我们经常看到新闻说小学生的家庭作业、假期作业难倒教授，甚至连大作家王蒙都不会做孙子的语文作业等。在中国读过书的人都知道，上课的时候认真听课学会了老师讲的东西，课后认真复习，不等于会做家庭作业，更加不等于考试能拿到好成绩。然而，在美国，大部分小学是没有课本的，老师的评分只有三级：优、良、需要改善。学生基本玩着玩着就过了一年，有时候也搞个研究、写个论文啥的，看上去挺有素质，其实真正过硬的东西没学到多少。到了高中才是玩真的，某些科目，尤其是大学预修课程，学生得玩命学习。然而，在美国高中，任何智商正常的人只要上课认真学习，课后认真复习、做作业，一般拿个 A 是没有问题的，完全不存在"上课学会了，却仍然不会做作业，考试成绩差"这样的问题。因此，花钱上补习班完全没有必要。

第四，美国的反智倾向在公立学校中非常普遍。一个读书很厉害、学习成绩很好的人，往往是被孤立、被歧视、被欺负的，通常被称为 Nerd，就是"书虫、书呆子"的意思。成绩一般，可是会打篮球，在校橄榄球队当四分卫，或者是校摇滚乐队主唱，受欢迎的程度最高。因此，美国孩子放学以后参加最多的课外活动就是体育活动，假如要上补习班，也是跟体育活动有关的。而课后的体育活动是非常专业化的，有定期的联赛、升级，越高级，请教练就越贵。美国在奥运会上取得的金牌那么多，全都是美国人民花钱通过大规模群众性的课后体育专业训练堆出来的。既然没有人喜欢当书呆子，补习班自然就没有市场了。

第五，美国的阶层观念比较稳定，一般人基本上都满足于自己所在的阶层，很少有非分之想。于是，我们经常看到在一个地方，富豪的子弟都上某所富豪私立高中，中产阶层子弟上好区的高中，劳工阶层子弟上普通高中，大家都知足常乐。只有华人移民才会拼命把孩子往富豪私立高中送，或者督促孩子上补习班，去考明星高中之类。因为美国的劳工阶层子弟很少会试图挤进明星高中或私立名校，他们自然也就不会去上补习班提高自己的考试成绩。最重要的是，要通过考试录取的公立中小学校在美国凤毛麟角，即使想去，都不知道在什么地方有。

（《给学生无限可能——细说美国教育》，第53-54页）

我感觉美国公立学校的学生读书如此容易，学校里盛行反智主义，这是上层精英们所喜闻乐见的。因为在私立学校、贵族学校，情况并非如此，在那里读书很艰苦，反智主义没有什么市场。昨天我听了一个叫作"罗辑思维"的节目，主持人介绍说，美国的教育分三个层次。第一个层次是为底层百姓（如非裔、亚裔、拉丁裔的）设计的，目的是培养能自食其力的劳动力（工具）；第二个层次是为中产阶级设计的，培养的是"工艺品"；第三个层次是私立学校、贵族学校，那里培养的是领袖人物、社会精英。这三个层次的学校不但教育目标不同，教学内容和教学方法也不同。比如第一个层次的学生，就让他们晚来早走，能学多少知识就学多少；第二个层次的学生则不但要多学点知识，而且要多掌握点技能，因为他们是要代表社会形象的（花瓶？）；第三个层次的学生则重点要学习的是判断力和决策力，因为他们长大要领导这个社会。那么底层百姓的子女（中国叫"寒门子弟"）有没有希望挤进上层呢？主持人说，几乎没有希望。因为学校只招收本学区的学生，而学校的教育经费是从房产税中出的，不像中国这样是政府拨款的。你想让孩子上好学校，就得买得起那个学区的房子，穷人哪有这么多钱？至于说上私立学校，则家长不但需要很有钱，而且要首先进入那个精英阶层的圈子，因为学生入学是要"校友"推荐或者面试的。美国的当权者，就用教育分层实现了事实上的世袭制，精英们世世代代做精英。《罗辑思维》节目的主持人说了一句话，贫穷本身就是一种专制。我觉得这话说得很好。美国这个国家从表面上看很民主，人人平等，人人都有机会，然而这只是名义上的、口头上的，事实上，底层百姓并没有什么机会。比如迁徙自由，这是有法律保证的，你想上哪儿住就上哪儿住。你为了子女上好学校，想搬到一个好学校的学区去住，行吗？行，没有人阻拦你。拿钱来！实际上，你并没有迁徙的自由，但是你又没有办法埋怨谁，好像这只能怪你自己。美国的制度厉害就厉害在这里，美国的意识形态厉害也厉害在这里。美国的统治者把很多事都交给美元来决定，而不直接和百姓起冲突，百姓只好"知足常乐"了。

美国教育的基本框架，其实和中国儒家的"劳心者治人，劳力者治于人"是一致的，于是你也就明白为什么美国当权者能够接受孔子了。不过细想起来，美国这种教育体制，在阶层固化方面，比中国的科举制度还要落后。科举制度最大的优点就是给寒门子弟开了一个上升通道。在科举制度下，教材是统一的（"四书五经"），教法也差不多，考试也是统一的，这就使得"朝为田舍郎，暮登天子堂"成为可能，寒门子弟上升的成本不是太高。当然，据有人统计，真正能考上状元的寒门子弟人数很少，但考上举人的寒门子弟就多一些，而一旦中举，就进入了上流社会，可以做官了。正是这种制度，保证了新鲜血液不断补充社会精英阶层，使它不致很

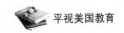

快腐败。美国教育太狠了，这是一种撕裂社会的教育，它几乎把普通人的上升通道完全堵死了。流水不腐，户枢不蠹，死水一潭，焉能不臭！幸亏美国还有尊重个人独立性的好传统，否则会更糟。

中国未来的教育也会像美国一样走阶层固化的道路吗？这是我最担心的。《罗辑思维》的主持人说，会的，这是不可避免的趋势。我看未必。中国不是美国，中国老百姓不是美国老百姓。教育公平的问题在中国远比美国敏感，中国普通人自古以来就不那么"知足常乐"，恰恰相反，大家都望子成龙，都想光宗耀祖，所以，在中国搞教育阶层固化，必然遭到顽强的抵制甚至反抗。你看普通百姓把高考看得多么重就知道了，那几乎到了歇斯底里的程度，哪位官员敢漠视高考，他的乌纱帽就可能保不住了。把这种社会风气完全看成愚昧、落后是错误的，这里有一种文化基因在起作用，威力无穷，绵延不绝。

一直以来，国内介绍和宣传的美国基础教育，基本上都是美国第二个层次的教育——中产阶级的教育，而这正是美国最想展示给外国看的。这种教育确有很多可取之处，我们必须虚心学习，但是我们要明白，这只是美国教育的一个侧面，要想真正了解美国教育，必须看得更全面一些，看整体架构，这样我们才能取其长补其短，建构适合自己的教育。

2016 年 9 月 12 日

35. 美国人为什么没有早恋的概念

　　"早恋"对中国老师和家长来说，是像洪水猛兽一样的东西。很多国内的朋友对我说，很想在孩子读完初二后就送出国留学，可是，就怕孩子在国外早恋，怕孩子吃亏或学坏。

　　美国人是没有"早恋"这个概念的，因为在美国人的中小学性教育课程里面，"约会"跟"恋爱"是两个不同的概念。"约会"是男女间开始交往，可以是一群男女一起参加某些活动，也可以是一对男女一起参加某些活动。约会的男女朋友可能有亲密的举动，接吻、拥抱甚至上床，但非常重要的一点是，约会并没有婚嫁的承诺，主要目的也不是为了结婚。因此，在中学，甚至小学，美国的学生有很多人有男女朋友，学校还会安排舞会或者"情人节大告白"之类的活动，鼓励男女学生约会。美国人认为约会可以让人学会怎样跟异性相处，学会尊重、迁就、妥协和负责任，是青少年成长过程中不可缺少的一个重要的环节。一个人假如没有三五次的约会史就结婚，会让人感觉这个人有点变态。

　　正因为约会是"学习恋爱"，因此，家长根本就不担心孩子将来会嫁给这个人或者娶这个人；同时，在约会的关系中，分手也非常普遍，美国人认为孩子是在学习交往，在15岁的时候失恋分手总比在25岁的时候失恋分手要好。从十几岁就开始体验失恋和分手，这对一个人的人格成长和成熟有非常大的益处。中国教育界一直在推崇美国根本就不存在的"素质教育"这个概念，却对美国中小学鼓励学生约会交往这一非常有助于培养学生素质的做法视而不见，实在是令人不解。

　　经过一段时间的约会以后，双方关系进入了成熟的阶段，这时才叫"恋爱"，双方才开始谈婚论嫁。中国人往往以为美

国人在男女关系上很随便、很自由，其实，大部分传统的美国人对恋爱和婚姻是非常严肃的，因为成功的婚姻是事业成功人士的象征之一。中国人所看到的美国男女关系自由，其实是他们约会的自由，到真正恋爱了，大家都非常认真，因为恋爱是以结婚为目的。经历了年轻时候的约会，恋爱中的男女已经能用非常成熟的方式来交往，来考虑两个人在经济、情感和未来家庭计划方面的所有问题了。

约会会不会造成学生无心向学或者青少年怀孕的现象？当然会！但是，因为美国社会对于约会不是绝对禁止，而是加以鼓励的，所以，小学五年级的健康教育课程就开始教育学生如何处理约会中的心理和生理问题。例如，高中健康教育课的青春期性教育部分，就很详细地告诉学生：在性激素的作用下，男女有怎样的性心理，性欲产生的过程，可以采取哪些避孕方式，到什么地方可以获得避孕用品等。同时，教师还跟学生讨论约会中的男女应有什么样的关系和行为，约会对正常的学习有怎样的影响，禁欲有什么好处，性病的种类和预防方法等。当学生们掌握了比道听途说得来的东西更全面、更科学、更精确的知识以后，男女关系也不再神秘，学生只会把约会当成促进自己更加努力学习的动力。

假如中国人放弃"早恋"这个概念，跟美国人一样，女生可以在八九岁就跟男生交往，上大学的时候，每个女生都有过三四次约会经历，我们可以预期"剩女"这个概念将彻底消失，中国人也会活得更轻松、更成熟、更自信、更幸福。

（《给学生无限可能——细说美国教育》，第62-63页）

问题的关键既不在于概念，也不在于有没有"早恋"这个词，而在于中美两国的大多数民众对未成年人的性行为的态度是不一样的。汉语里本无"早恋"这个词，中国人之所以造出这个词，而且使得权威的《现代汉语词典》收录之，是为了表明一种态度：反对未成年人发生性行为。美国之所以没有"早恋"这个词，是因为不需要。你想，连未成年人发生性行为都允许，就没有什么早晚的问题了。要之，中国人认为未成年人恋爱（叫约会也行）和发生性行为有害，或者弊大于利，而美国人则认为这是一种学习，没有害处，或者至少利大于弊。差别就在这里，不在于概念。

中国现在有不少人反对"早恋"的提法，有人说早恋合理，有人说早恋有益，他们都是以美国价值观为正确答案来责难中国的，在他们看来，美国的做法是最先进的，代表世界潮流，人类总有一天都会变成美国那样。我对此持怀疑态度。据我所知，我国有的少数民族自古就是这么做的，他们并不禁止未成年人约会，也不禁止他们发生性行为，只是到了结婚的时候，就要认真了。可见，美国的做法并不是什么新鲜事，中国要实行这种理念和做法，无须漂洋过海去美国，国内早就有这种行为模式了。

我关心的是两点：第一，这种行为模式对人类本身的生存和发展是否有利；第二，中国人、中华文明，有没有可能接受这种行为模式。

先说第一点。人类为什么要有性行为？究其本义，探其初衷，那是为了生殖，为了繁衍后代。可是不知从什么时候起，性行为就被人们增加了一个含义——娱乐。就是说，人类发生性行为，有时只是为了娱乐自身，为了追求快感。据说在目前知道的动物界，除了人类之外，只有海豚有这种本事，拿性生活当娱乐。我家养了几只小狗，有公的，也有母的。据我观察，母狗发情的时候，确实是六神无主，惹得公狗也是五迷三道的，然而一过发情期，马上风平浪静，各位狗帅哥、狗美女道德水平都很高，一副"存天理，灭狗欲"的样子。它们从来不会拿性行为做娱乐，性和娱乐在它们那里完全是两回事，互不相干，性欲只占它们生活的很小部分。人类可不是这样，古时候我不大清楚，反正对现代人类来说，以生殖为目的的性生活占的比例已经很可怜了，人类的性行为已经基本上是娱乐行为，而不是生殖行为了。人类的性意识弥漫性地膨胀，成了一个巨大无比的桃色泡沫，几乎覆盖了生活的各个侧面。

这有什么问题吗？怕是有问题。要知道生殖功能和娱乐功能是两股劲。娱乐讲的就是追求刺激，追求快感，追求新奇。娱乐是没有限度的，是不讲专一的，也不需要稳定。娱乐的特点与婚姻是相悖的。所以如果对性行为的娱乐化不加限制，必然冲击婚姻，如今人类婚姻状况的不稳定与性生活的娱乐化大有关系。成年人的婚姻状况已经很不稳定了，闪婚、闪离蔚然成风。未成年人本来自制力就比较差，在整个社会性行为娱乐化的背景下，他们的"约会"和性行为当然更加娱乐化。在这种性行为模式的社会背景下"学习恋爱"，能学会严肃地对待爱情和婚姻吗？还有，性行为的娱乐功能越强，生殖功能就会越差。有学者研究指出，男性精子的合格率正迅速下降，也就是说，人类"种子"的"发芽率"越来越低了。有学者甚至预言，再这样下去，人类会自行灭绝（生不出孩子了），不用等自然灾难来动手。我想这是合乎逻辑的，就好比吃饭，本来是为了满足身体所需营养的，如果人只是为了满足口舌之欲而吃呀吃，以吃饭为娱乐，早晚会把身体吃坏的。人类无论做什么事情，就怕"忘本"。忘本就是你忘记了本初的意图、打算和目的，把次要的东西当成了根本。性行为的问题也是这样，人类性行为的本初动力和目标都是生殖，当这个本初目标变得可有可无的时候，人类的灾难就要来了。这其实也是一种"脱实向虚"。

有一点是我最近想到的。我认为性的道德约束与团体主义或集体主义相关，而性自由、性放纵与个人主义相关。过去性禁忌为什么那么严？为什么没有那么多的性自由？为什么不把性行为单纯看作娱乐？因为那时候恋爱、结婚不是你个人的事情，你不是和某个人结婚，而是你所在的群体、家族和另一个群体、家族结婚，既然如此，就不能任你的性，所谓"父母之命，媒妁之言"，就是要限制你的自由，保护家族的利益。你还未成年就和别的孩子约会，这还了得，这不失控了吗？可见，群体主义观念必然导致性限制。近现代，人们个性解放了，于是推崇自由恋爱，这当然属于进步，然而这种思路若走向极端，就会完全从个体本位出发对待恋爱、结婚，性生活就只是个人的事情了，与他人无关。如果我不想要孩子，那么性行为对我而言就失去了生殖的本义，完全变成娱乐了，既然是娱乐，那我想怎么玩就怎么玩，什么父母啊、家族啊，你们都一边凉快去！

结论是什么？我认为支持未成年人发生性行为是有害的，他们自己还是孩子，若生下小孩子来，其身体素质可想而知，社会又不能不接纳，久而久之，必然使整个人类退化；即使不生孩子，避孕，过早体验性生活对孩子的身心健康也不利。农民把提前开花的禾苗叫作"小老苗"，不长粮食。大家都知道艾滋病吧，这是大自然对人类的警告——你们闹得太过分了！玩大了！

以上说的是第一点，探讨未成年人发生性行为对人类本身的生存和发展是否有利。我要说的第二点是，中国人、中华文明，会接受美国的这种行为模式吗？会抛弃"早恋"这个词吗？我说不准。今日世界，各种媒介对西方意识形态和生活方式的宣传力度非常强，中国又有一些人趋之若鹜，好像一桩美差似的，也许中国会在某种程度上接受这种东西，大城市则会"捷足先登"。但按我对中华文明的理解，我们全盘接受西方式的未成年人可以发生性行为的观念不大可能，多数家长和教师是会抵制的。我觉得我们可以后退一些，但不可突破底线，要尽量防止未成年人发生性行为，因为那是民族的不祥之兆。美国人这么搞，自己早晚吞下苦果，我们的后代会看到，而且会接受教训的。

2016 年 9 月 13 日

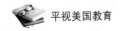

36. 再谈美国的学生守则

在网上曾经流传一篇《美国与中国的小学生守则对比》的文章，其实那个所谓的"美国小学生守则"，很可能是一个课堂上学生的行为守则，并非一个校区的学生守则。现在我们来看看下面这个真正的美国学生守则。这是旧金山联合校区学生守则的中文版：

旧金山联合校区要求所有学生遵守以下指导原则：

1. 尊重：

我会以想要别人待我那样对待别人。

我会尊重法律、规则及学校权威。

我会公平对待他人，尊重他人的权利。

我会爱护私人及公共财物。

2. 责任：

我会为自己的行为负责。

我会为我如何回应别人的行为负责。

我会有借有还。

3. 欣赏差异：

我会关注他人的优点。

我会尊重每个人与他人不同之权利。

我会将文化的多样性当作学习的机会。

4. 诚实：

我会诚实待己待人。

我会言行一致。

我不会散布谣言或讲别人的闲话。

5. 安全：

我只从事安全的活动。

我会保持身心健康。

我选择参与能帮助我成为"最好的自己"的活动。

6.终身学习：

我一踏入学校就会准备好学习。

我做任何事都会尽我所能。

我会积极学习新的技能和正面的解决方法。

当我们遵守指导原则，我们能：和平解决纷争；互相聆听；远离毒品；保持校园清洁；建立健康的友谊；做好自己的课业；保持诚实和正直；保有同情和怜悯之心；捍卫他人的权利；欣赏差异；尊重他人财物；从事安全的活动。

我们反对：欺凌和恐吓；使用武器；打斗、威胁和暴力；持有和贩卖毒品；涂鸦和破坏；帮派活动；作弊和剽窃；伪造和篡改；性骚扰和性侵犯；敲诈和勒索；抢劫和偷窃。

首先，从以上的美国学生守则我们可以看出，美国也有类似于中国的"抽象"守则，比如"尊重法律""尊重他人的权利"等没有具体操作性和衡量方式的条文。因此，中国的学生守则中存在"热爱劳动""热爱人民"之类的抽象条文一点儿也不奇怪。

其次，美国的学生守则着重要求学生遵纪守法，认识到人与人之间是有差异的，在种族、文化、信仰、性别、性倾向等方面均有不同，不可以因为这些差异而产生歧视。同时，还强调了认真学习的重要性和诚信、诚实的重要性。

最后，从"我们反对"那一部分我们可以看出，那基本上就是美国公立学校目前存在的问题。

（《给学生无限可能——细说美国教育》，第67-69页）

我这个读书笔记，不是通读全书之后才动笔的，而是读到哪儿写到哪儿，后面的内容并不知道。我在前面《美国的〈学生管理手册〉与中国的〈中小学生守则〉》中讨论了美国公立高中的"管理手册"，我以为美国的学生守则大致就是那个样子的，看到这里我才知道，原来美国也有和"管理手册"不一样的"学生守则"。我搞不清他们的"管理手册"和"学生守则"是什么关系，美国每个学校都兼有这两种东西还是只有其中一种，作者也没交代。这件事说明，我们在学习外国经验的时候，千万不要听风就是雨，不要看到一鳞半爪就得出全面的结论。

从这个学生守则来看，作者在该书第 17 页得出的"使用法律来管理学生，就是美国公立学校学生管理的核心原则"的结论，并不准确，因为眼前这个学生守则的思路与其说是以法治为主，不如说是以德治为主。这套美国学生守则与中国的学生守则很像，有不少抽象的道德要求，具体的可操作性并不突出。人们若批判中国的学生守则假大空，最好也同时批判美国的学生守则有同样的毛病，否则就是双重标准了。

我看这个守则的内容挺好的，其中"责任"和"终身学习"两项，尤其值得我们学习。另外，这个守则的立脚点和语气都是学生，"我会……"，不像我们的学生守则那种自上而下的"训导"的口气，这也值得借鉴。

2016 年 9 月 16 日

37. 警惕对学生的过度保护

美国的公立教育是 13 年义务教育制，学生上学完全免费，不用交半分钱，连课本、文具甚至 iPad，都是政府免费提供的。低收入家庭的学生还可以享受免费的早餐、午餐、课后补习及下午茶餐。假如考试不及格，还有夜校、暑期学校、网络学校等，有许多机会让他们把不及格的科目重修。

正因为美国的公立教育把学生照顾得太好了，很多学生就觉得读书是一件痛苦的事情。尤其是出身于贫穷家庭的孩子，他们从小就发现父母不怎么需要上班，就能够定期从政府的救济机关拿回来大量的食品。有的还每月定期从政府那里领粮食卡，可以用来买海鲜、牛排之类的食品；领衣服卡，可以用来买衣物、鞋子。而邻居读了大学，刚找到工作，每月省吃俭用，要交税，要还学生贷款，根本就是月光族了。因此，这些孩子对于上学读书天生就抗拒。

所以，在美国的公立中小学，认真勤奋读书的学生可能占学生总数的一半都不到。跟私立学校不同，美国公立教育的基本哲学也不要求老师一定要教会学生什么东西，所以，老师也绝对不会强迫学生读书学习。

（《给学生无限可能——细说美国教育》，第 73 页）

人被照顾得太周到了，就会变懒，生存能力会下降，奋斗精神会消失。过去流行一个口号："人无压力轻飘飘。"这个口号很久无人提了，其实说得很对。我通过媒体看到有中学生参加军训没几分钟就晕倒了，休克了，甚至还有猝死的，就觉得很是奇怪。想当年（上世纪六七十年代）我带学生（初中生）去参加"三夏三秋"①劳动，师生都自己背着背包排队去，那时叫"拉练"，一走就是几十里，最多的一次走 60 多里地，很少有学生掉队的，晕倒什么的我更没听说过，我班没有，全校没有，外校的也没听说过。到了村里，我们被安排住在老乡家里，第二天就下地干活。那时候学生吃什么？窝头、馒头而已，有菜，但很少吃到肉，吃一回肉大家都很兴奋。当然，食物都是绿色食品，那时候想吃非绿色食品也没有。那时候的学生真能干，一点不娇气。记得我带一个初三的班，能把场院所有的活包下来，几乎可以一个社员不要。现在的孩子在学校里蹭破一点皮，有的家长都会和老师没完没了，恨不得让学校赔他几万。那时根本没有此种风气。

记得有一年，我带学生到一个叫胡各庄的村子里去劳动，最后一天收工时，我召集学生开会说："明天就要回家了，今天晚上你们不要太激动，要注意完全。"结果当天晚上就出事了。两个男生，一个大个儿，一个小个儿，闹着玩，小个儿抓起一只鞋扔出去，正打在大个儿头上，大个儿一下子耳朵就聋了。有学生飞跑来告诉我，我赶紧过去看，是真的。我忙安排人送大个儿男生上医院，这边还得照顾班级其他学生。等我们回到学校，大个儿男生的母亲来告诉我，孩子到医院请解放军医生给做了针灸（那时流行"新针疗法"，从部队开始，向外推广），已经好了。然后我们就给解放军医生写了一封感谢信，这事就完了。那个小个儿男生，闯了祸吓坏了，我只批评了他几句，没有通知家长。这种事如果放到今天，不说闹个天翻地覆，起码也是鸡犬不宁。我自己的孩子也是这样。上世纪 80 年代我儿子上初一时，课间玩耍，不小心摔倒，把一个门牙磕掉一半。他回家哭丧着脸向我汇报。我看了看，告诉他："没关系。以后小心点。"事也就过去了。后来我们见到孩子的班主任，提都没提这件事。一个孩子从小长大，磕磕碰碰是难免的，七灾八难也不新鲜，何必那么邪乎！现在有的家长，心理真是太脆弱了。有的家长玻璃心，有的孩子玻璃身。这种孩子，你能指望他长大了干点大事吗？干大事哪有不受挫折的？

---

①三夏三秋，"三夏"是夏收、夏种、夏管的简称；"三秋"是秋收、秋种、秋管的简称。

这不是我们一个国家的问题，这是全世界的通病，发达国家的学界和传媒，既是始作俑者，也是推波助澜者，他们打的旗号是"尊重儿童，捍卫儿童权利"。尊重儿童，捍卫儿童权利，我们过去这方面的确也有做得不好的地方，应该改进，正在改进或者已经改进了。但是我们要做成西方那个样子吗？比如，西方没有或少有"厌学"和"早恋"等提法，因为厌学和早恋在他们那里已经成了"常态"，似乎不是问题了，就不提了。这也是我们学习的榜样？他们现在这样，将来不会后悔吗？

无论是成年人还是孩子，无论是个人还是国家、民族，无论是什么社会制度，无论是古往今来，只要养尊处优就会逐渐萎靡、堕落，这是必然的规律。现在大家都感到西方发达国家在走下坡路，他们的有识之士也已经意识到这一点了。为什么？学者可以用各种各样的理论，说出各种各样的原因，但其实很简单，就是当人的生活过于优裕时，就容易懒于变革，缺乏追求。而我们中国这样的发展中国家，还没富裕到那种程度，还在努力改变和建设，结果你看，中国人赶上来了。我们有压力，所以有干劲。我国正在搞扶贫，我举双手赞成，但我希望扶贫千万别扶懒。要爱，不要溺爱；要关心，不要迁就；要保护，不要过度保护，更不要放纵。

如今有一种社会风气，以讨好孩子，给孩子拍马屁为"先进"教育理念，有的家长觉得自己的孩子贵如千金，简直不知道该怎么疼好了。在这种风气下，教师很为难，我们也不得不对流俗做一些让步，但是在力所能及的情况下，对这种风气还是要尽可能地顶一顶，要弘扬清新、刚健之气，保持中华民族吃苦耐劳、自强不息的精神。这不仅是为了孩子，更是为了我们民族的未来。

2016 年 9 月 27 日

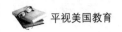

38. 中美基础教育的区别

　　长期以来，国人都存在一个错误的观念，认为中国的基础教育比美国的好。好多有关中美教育比较的文章都提到，美国的初中生还在学算术四则运算，小学则连课本都没有。很多重大的国际学术比赛，中国学生一直能拿到最多的金牌。这难道还不说明中国的基础教育比美国好？再加上美国的政客时常宣扬美国的基础教育差，不如中国，必须多拨款进行教育改革，这更加深了国人"美国中小学教育不如中国"的错误认知。

　　但是，一些聪明的中国学者马上就发现问题了：假如美国的基础教育那么差，为什么美国能够拥有世界一流的大学和科研创新能力？美国的大学总不会80%以上的学生都是来自外国吧？

　　对于这个疑问，中国学者的解释通常是：美国的基础教育是素质教育，不强调学生必须掌握多少知识和解题能力，但教师一直在培养学生的创造力和素质。因此，美国学生的素质和创造力提高了，到了大学，自然比只会死读书的中国学生要厉害。

　　这个错误的解释造成的影响，就是把"素质教育"写进了官方文件，很多中小学为了学习传说中的美国素质教育，轻视知识及技能训练，转而开设各种兴趣班，甚至连高考考点都一改再改，试图尽量向不需要考核知识技能的"素质"上靠拢。然而，因为高考毕竟无法考核"素质"，分数还是最重要的，因此，没有人真的会完全学美国。补习班仍然有，违规补课仍然有，高考加工厂衡水中学仍然得到很多人的热捧。

　　为什么国人会产生"美国基础教育差"的错误印象？那是因为美国是精英教育，精英们都集中在少数的重点学校里面，不要说走马观花的国人，即便在美国居住了几十年的老华侨，假如本地没有这种重点学校，也无法想象出这些精英究竟是什么样子。

先不说私立学校，我们只讨论公立学校好了。在纽约，有一所非常有名的公立学校，因为这所学校的存在，导致整个区的"补习社"成为一个产业，因为想考进这所学校，要通过一系列考试。有个毕业于该校的校友，工作后成了著名的记者，还获得了普利策奖。他专门回到母校，跟踪采访了一年，写了一本中译名为《揭秘美国最好的中学》的书。在书里面他提到，该校的学生视考入哈佛大学、耶鲁大学、麻省理工学院等为理所应当的事情，甚至进入布朗大学那样的常春藤盟校都感觉抬不起头。这所学校的校友里面，有四个诺贝尔奖得主，还有无数各行各业的精英、政治领袖等。这样一所精英学校，2014年在全美国三万多所公立高中里面只排第69位。

我们再来看看2014年全美公立学校排名第十、在全加州排名第一的牛津学院。这所有一千多名学生的学校，包括七年级至十二年级，依据学术考试成绩招生。它规定学生高中毕业时最少通过5门AP课程。AP课程是美国大学二年级程度的课，假如美国学生的基础不好，怎么才能通过被公认水平很高的美国大学课程？

在2014年全美公立学校排名前十位的学校中，类似牛津学院这样要求学生通过若干门AP课程才能毕业的还有：排名第五的亚利桑那州北图森基础中学（规定修满6门AP课才能毕业，学生可以在高中三年内毕业或选择高中第四年从事跟大学合作的研究工作），排名第一位的得克萨斯州英才学校（规定至少通过11门AP课才能毕业）等。

排名第八的得克萨斯州理科公立学校，一家只有几百名学生的高中，从高中的第一年就要求学生开始上AP课，同时，还要求学生被当地的社区大学同步录取，上大学的课。假如他

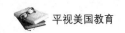

们的基础不行，哪来的资本在高中第一年就上大学程度的课？
跟大学同步录取的，还有排名第七的印第安纳大学附属中学，
这所高中是跟著名的亚利桑那大学同步录取的，学生除了上高
中的课以外，还上大学的课。

通过以上信息，我们已经很清楚地看到：美国最好的大
学，比如常春藤盟校，其实依靠排名前五十的高中，就已经有
足够的生源了。而全美有三万多所高中，里面的学生绝大部分
根本就不会进入美国那些超一流的大学！

同时，也很容易解释，为什么美国政客老说美国的基础
教育不行，因为精英全集中在重点学校啊！为什么上海学生
的 PISA 成绩比美国学生好？那是因为美国参加 PISA 的学生
是随机挑选的，说不定还有很多来自普通高中的、连四则运
算都不会的学生。而在上海能参加 PISA 的学生差不多已经
是精英了。

总的来说，美国的基础教育实行的就是精英教育。通过把
最精英的学生高度集中培育的方式，最大程度上保证了美国最
好的大学有足够的优秀的学生资源。同时，也不会因为把精英
跟一般智力的学生混合而导致优秀人才无法出头。

然而，这种做法的负面后果还是有的。负面的后果包括：
在精英学校里面，学生由于竞争太激烈导致出现各种心理问
题；因为普通学校不需要像精英学校那样严格要求学生，导致
不少学生呈现"被放羊"的状态，13 年义务教育什么都没学
到，这导致劳动能力低下。这些，也是美国公立教育界一直在
试图改变的东西。

（《给学生无限可能——细说美国教育》，第 81-83 页）

单纯以是否拥有世界一流大学和是否有创新能力为标准比较中美基础
教育的高低，我认为不合适，更重要的是教育方针问题。基础教育究竟是
干什么的？这个问题要搞清楚。美国的基础教育，看来是为上层选拔尖子

人才的。它从一开始就分流，未来的精英吃小灶，非精英则大拨轰，不过给你一个上学的权利而已，要是连这都没有，可怎么举"民主""人权"的旗子？方老师说，美国人不相信赢在起点，实际上，老百姓已经"输在起点"了。中国的基础教育，它的目标是提升全民族的素质，不管学生是不是精英，都尽量给予相同的教育机会，而不急于选优拔尖。我们的教育有一刀切的毛病，但这个毛病从另一个角度看则是优点，它迟滞了两极分化。我个人觉得在这一点上，中国的基础教育比美国要接地气。但是请注意，中国的重点中小学一直是普通百姓批判的对象，虽然他们同时又竭力把自己的孩子送进去。你会发现，至少中国社会的主流意识总是强调教育公平和均衡发展的，这就说明我国的基础教育在基本思路上与美国就不同。

愚以为，基础就是基础，基础应该惠及全体人民，不应偏向极少数人。据说现在有的学校以分层教学、课程开发、走班制的名义，在搞实际上的选优拔尖，这是要警惕的。分层教学是可以的，但注意那是把学生的认知特点和认知能力分层，不是把人分成三六九等，此事稍微偏一点，就会走上美国的道路。我认为，美国的基础教育之路即使适合美国国情，也是短视的。基础不牢，地动山摇。仅靠少数精英立国，不提高群众的基本素质，早晚吃大亏。中国改革开放30多年发展如此迅猛，重要原因之一是1949年以来的基础教育（这是世界史上最大规模的平民教育）为国家培养了全球最大的合格劳动者群体。光靠精英，行吗？

至于中国缺乏一流大学和人们的创新能力不强的问题，情况比较复杂，不能完全归咎于中国的基础教育。这里还有个历史原因。想当年中国人曾被称为"东亚病夫"，奥运会根本没咱们的份儿，现在你再看，奥运会没有中国运动员，行吗？这才多少年？诺贝尔奖得主少也是一些人批评中国教育的一个话把儿，但我相信这只是时间问题，未来中国人得诺贝尔奖，很可能会变成稀松平常的事情。未来世界一流大学属中国最多，也是有可能的。《易经》最讲"势"，趋势比什么都重要。

请注意，我的意思绝不是说中国的基础教育处处比美国强，要是那样，我何必还写这些读书笔记？美国基础教育可学之处甚多。就比如宽松，宽松的缺点是有可能事实上放弃某些学生，优点是有利于活跃学生思

维，培养创新能力。我们只要把握宽松的火候，就有可能学到美国教育的优点，同时克服其弊端。

　　附带说一下，"素质教育"的提出不是因美国教育引起的，而是中国的教育者针对中国日益严重的应试主义提出的纠偏的教育模式。美国的教育算不算素质教育，讨论这个问题没什么意义，贴这个标签没什么用处，美国人也未必领情。我们要解决的，是中国教育的问题、中华民族的素质问题。

2016 年 9 月 28 日

39. 高中应该更像大学，而不是更像初中

事实上，美国与中国教育的差距始于高中。

第一，学制上有差距。大部分美国高中学制是九年级到十二年级，有四年的时间学习。中国的高中其实只有两年，因为第三年要准备高考，基本上就没有多少时间学新知识了。

第二，课程上有差距。美国高中是学分制的，因此可以开出比中国的高中多得多的必修课和选修课。一个普通的美国高中都能开出上百门的课，跟一所小型大学差不多，这一点中国大部分高中都无法相比。

第三，教师的水平有差距。美国的高中因为要开设大学的课程，对教师的要求就很高。美国的高中教师很多都有硕士学位，有博士学位的也不少。美国的教师执照课程跟中国也不一样。在中国，读师范专业，四年本科，能考到教师资格证就能当老师。但是，美国人要当教师，无论拥有何种学位，一律要读两年的教师执照课程。要考进去读，读完还得考出来。假如是本科生，读完四年师范，还得再读两年执照课程才能当老师，比中国教师多受两年训练。因此，在教师水平上，中国就落后一截了。

第四，科目的难度有差距。美国的高中可以开相当于大学一年级或者二年级公共课程度的科目，中国的高中很少会开设大学程度的课。

第五，分班依据有差距。在美国每一所高中里面，都是按照学生的程度来分班，有专门给能力最强的学生读的荣誉班，天才学生读的大学预修班，全球承认的国际班，等等。这跟中国不按照学生的程度分班教学，全部混合在一起教的做法，效果完全不可同日而语。

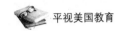

第六，课外社会实践有差距。美国的大学、科研机构、医院、政府机构及商业机构，都有专门的部门负责协调高中生的课外社会实践和科研活动。因此，美国的高中生可以到大学上课，拿大学的学分；可以到科研机构，跟科学家一起做研究；可以到各级政府机构去当官员的助理、议员的秘书或民选官员的竞选团队义工；在教育董事会（州或县市的教育局的决策机构）里，也有学生委员可以参与公立教育的最高决策。

第七，资源配置有差距。因为美国的高中可以开设很多高难度的课程，而且很多是得到了资金雄厚的科研机构、政府机构或者商业机构支持的，因此，美国高中的配置跟设备，很可能是连中国的大学都望尘莫及的。比如，我所在学校的生物技术课的设备，学生们可以用来检测市场上有哪些食物是用转基因生物做原料的。我的学生就曾成功地在一包某国出产的、声称不是用转基因大豆生产的零食豆干中发现了专门用于转基因的基因表达的启动子，从而证明了这包豆干所用的大豆是转基因的。这样的实验，在中国的大学都未必能做，更不要说高中了。

从上面的比较我们可以知道，中国跟美国在教育上的差距始于高中，到了大学，差距更进一步加大。我们因此不难理解，为什么美国的诺贝尔奖得主那么多，为什么美国是世界科技龙头，为什么美国那么发达。从高中开始，美国人就已经远远领先中国人，美国人相信：笑到最后的人，才是笑得最好的人。

（《给学生无限可能——细说美国教育》，第87-89页）

在中国，你会发现高中的情况离初中更近一些，而离大学很远，高中无非是课程内容更深一点，教学方式、管理方式和初中并没有多大差别。高中生在教师的眼里，仍然是小孩子。高中老师呢？恕我直言，与初中老师的思维能力差别不大，有些高中班主任在网上提出的问题和提问的方式，放在初中甚至小学老师身上也是可以的。于是你就明白我们的孩子为什么总是长不大了——他们生活的环境就"没长大"。

我觉得美国的高中很值得学习。我们应该创造这样一种高中教育，让学生一升入高中，就觉得自己是大人了，活动范围扩大了，选择权增加了，对自觉性的要求更高了，学习呢，则更像科研。高中阶段对人的思维方式影响非常大，必须让学生感觉到上了高中是人生的一个"飞跃"。记得我当年上初中的时候（上世纪 50 年代），人家告诉我，到了中学，你见到老师就不能叫"老师"了，要叫"先生"。我很兴奋，马上就觉得自己是大人了。连这种细节都很重要，教学方法和生活方式的变化就更重要了。

我很赞成我国高中逐渐开发出很多门课程，供学生自主选择，可以考虑实行学分制，条件成熟的，也可以搞走班制试试。高中还应该组织学生参与更多的科学实验和实践活动。高中应该与高校挂钩，请高校老师们讲讲课。高中生最好去参观一下大学校园，和大学生座谈。我国高考不改革，高中就只能和初中一样，教师为考试而教学。再一个问题是师资水平。目前的教师，恐怕多数人是无法适应"像大学"的教育教学方式的，几乎完全没有研究能力的老师不在少数。而作为发展中国家，我们现在还无法把大批一流人才放在教育界，一流人才有更紧迫的任务，那就只好在教师培训上下功夫了，可惜现在有些教师培训也往往和初中生上课的路子相似，讲课专家则多是"知识倒爷"或"先进工作者"。这很麻烦，大概也只有慢慢前进了。

2016 年 9 月 29 日

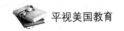

40. 为什么美国的公立教育喜欢改革

我说过我的这个读书笔记是边看边写，看到哪儿写到哪儿。今天我读到了这本书的第92页，这页谈到了美国的教改问题，我忽然想到目录里有个标题是专谈教改的，于是翻到了第141页，把这个内容提前合并到这则笔记中来了。

> 在这个框架之下我们就不难明白，为什么美国的公立教育经常在改革，经常在折腾老师、学生，任何新"理论"、新"做法"，都能随着政治气候一波波地像海浪般打向公立教育，公立学校的学生一直在被实验。美国公立教育从来没有承认过"教育改革取得了重大胜利"，总是有不足，总是需要更多的拨款，继续实验，继续探索，而基本没有任何政客或者大众代表提出过任何异议。然而，少数"精英"公立学校以及所有的私立学校，基本就没有进行过任何新"理论"和"教学方法"的实验。因为统治阶层的精英们都知道，对金字塔底层的人如何糊弄都没有关系，因为这根本就不会影响到金字塔顶端的阶层。
>
> （《给学生无限可能——细说美国教育》，第92页）

美国是联邦制的国家，每一个州都有自己的法律，跟一个小国家没什么两样。在一个州执行的政策法律，对另外一个州影响不大甚至完全没影响。然而，有一样东西能大规模影响全美国，这就是公立教育改革。

可以说，美国的公立教育改革从来就没有"成功"过。比如，仅仅是用何种方法来教小学生识字，在我当老师的这几年，就从"拼音法"到"全语言"，然后是综合法，接着又回到拼音法，现在又来了一个"统一课标合作识字法"。每一次改革的理由都是说上一种方法害苦了一代人，导致一代人连字都不认识。可是我们发现"不识字"的美国人照样拿诺贝尔文学奖、科学奖、和平奖，照样创造苹果、谷歌、微软，影响世界潮流，同时还维护了美国的世界霸主地位。这不禁让人对美国的"教育改革失败论"产生极大的怀疑！稍微会思考的人马上就会发现：肯定是"教育改革"这个东西能让某些人受益！

首先，如果教育改革是失败的，就能给予下一个要求改革的团体或个人充分的理由另起炉灶，继续改革大业。第一个得益的是教材出版公司。美国的公立教育中学生是不用买课本的，全部都是借学校的课本用，一本课本可以反复使用好多年。假如不"改革"，教材出版公司非破产不可。而且，美国的教材除了课本还包括教材资源、多媒体和网站的配置、实验材料、配套的练习册和教具等。每次老师拿到一本新教材，除了那本一千多页的课本以外，还有一大箱的教材资源（比如，英语教师会拿到课本中要求阅读的所有小说，生物老师会拿到课本中要求做的所有实验的材料等），是一个经济效益极大的产业。最好就是每年都有一个新的"改革"，所有课本都得根据新的改革理念重新编写，这样教材出版公司就能年年有钱赚了。第二个得益的是专门帮助各地的学校员工领会新改革理念的专家团队。这些专家负责提供在职训练，通常要向各地校区收取极高的咨询费。假如没有"改革"，这些专家如何谋生？

其次，因为所有的公民都必须接受教育，政治家们说自己重视教育是永远正确的话题。但是，光说重视是不行的，必须有实质性的内容，还不能每个人都说一样的东西，必须有新意。于是，只能说从前的教育是完全失败的，必须改革，才让自己"重视教育"的理念获得人民支持。比如，美国前总统小布什就认为，上一任总统克林顿的教育政策是彻底失败的，所以，他提出了"不让一个孩子掉队"的概念，要求各州用全州统考的方式来考核学生的学业成绩，统考成绩不好的学校要关门，辞退所有员工。更可笑的是，要求在 2014 年全美国的学生都必须在本州的统考中达到满分的标准。这种要求根本就是匪夷所思的。奥巴马继任后，认为小布什的教育政策同样是彻底失败的，于是，他提出了"力争上游"的教育改革，包括设立全国统一的标准、研究设立全国统一的课本和统一考试，并要求各地把教师的工资跟他们所教的学生的统考成绩挂钩。可以想象，下一任总统同样会说奥巴马的教育改革是彻底失败的，必须要有新的做法才可以。

最后，教育改革是校长、教育局局长或者教育董事会委员们升迁的最好阶梯，也是最容易产生的政绩。美国的公立学校是由民选的教育董事会管理的。教育董事会的委员们大都有政治野心，希望以这个职位为跳板。推动能吸引眼球的教育改革，对这些人的升迁有极大的好处。比如我们上一任的教育局局长，推动了一个教育改革，把统考成绩好的学生硬性分配到差学校里面，把差学生分配到好学校。结果，差学校的统考成绩大幅度提高，而好学校的统考成绩虽然有所下降，但也不至于很差。这个自欺欺人的"改革"，让她从教育局局长的职位上退下来以后，马上就获得了哈佛大学教授的教职。还有一位曾经担任我们的教育董事会主席的，因为推动"不拘一格降人才"的教育改革，主张所有能说两种语言的人都有资格当老师，于是平步青云，当上了市议员，然后又当上了州议员。假如不是因为被发现贪腐而被逮捕，恐怕当国会议员也不成问题。

综上所述，美国的公立教育热衷"改革"，根本就是教育部门的领导者为了升迁，政客们为了政绩而玩的把戏；同时，各个利益阶层，如教材出版公司、各种专家团队，甚至高科技公司，都在后面推波助澜，企图通过"教育改革"分一杯羹，不遗余力地宣传前一次的改革是失败的。于是，我们看到美国的教育改革几乎年年都有，可是从来没有成功过。各种理论令人眼花缭乱，各种做法变来变去，受苦的只是公立学校的教师们，疲于奔命应付各种新概念、新改革，而学生们则被当作小白鼠，一次又一次接受各种"改革"的实验。

（《给学生无限可能——细说美国教育》，第 141-143 页）

这下我们看到美国公立学校风起云涌的教改的真面目了。马上我们就会想，我国的教改，会不会也弄到这步田地或者已经在一定程度上弄到这步田地了呢？这是很严肃、很严重的一件事情。要知道，美国的教改主要折腾的是公立学校，真正培养"接班人"的美国私立学校在教改方面并不热闹，而我国搞教改，那可是"一雷天下响"，涵盖的几乎是所有学校，而且往往是重点学校打头，普通学校跟着上，这可不是闹着玩的。要小心我们的教改只是让有关部门政绩迭出，有关商家赚个盆满钵满，但学生和家长吃了亏，国家和民族上了当。总之，我们一定不要务虚名而招实祸。

有关教改，决策部门的人一定要从中国国情出发，自主、自立，谨慎从事，千万不要被人忽悠了，又帮助人家忽悠中国老百姓。

我希望各位千万不要误以为我反对教改。我反对的是乱教改、傻教改、假教改，反对的是打着教改旗号谋私利。各行各业都有这个问题，因为改革是动力，改革是永恒的话题，改革没有终点，自然会有形形色色的聪明人来"吃改革"。

2016 年 10 月 1 日

41. 美国公立教育是哲学决定政策？

美国公立教育是哲学决定政策的。这个哲学就是：社会是呈金字塔式建立的，统治者，或者在各领域成为精英的人，是金字塔的顶端，这样的人占绝对的少数，因此，公立教育根本就没有必要也不可能，硬性要求所有学生将来都成为金字塔最顶端的人。事实上，在刚刚建立公立教育的时候，社会上对公立学校学生的要求一直就是"知道如何投票"和"知道如何平衡自己的支票本"，即平衡家庭预算就行了。直到现在，全美国很多州都设立了"高中毕业考试"制度，但没有任何一个州的高中毕业考试是考英语和数学以外的科目的。这就非常充分地说明了公立教育的定位是什么。因此，对美国公立中小学的一些做法，比如小学不分科目，一个老师教一个班所有科目的课；小学没有课本；升中学不必考试；学生学习轻松，从来没有听说过什么叫作"教辅"；不存在"高考"（SAT 跟 ACT 的考试不是高考）……我们就好理解了。

既然公立教育并不要求学生毕业后成为金字塔顶端的人，那么，这个社会必须能够保障公立教育的毕业生走向社会以后能够有一个过得去的生活。

（《给学生无限可能——细说美国教育》，第 91 页）

作者说美国公立学校的政策是哲学决定的，然而世界上有各种各样的哲学，其观点并不相同，甚至是相反的、对立的，有些哲学是反对教育专为少数精英服务的，美国为什么不选择这种哲学？所以，美国的公立教育归根结底不是由哲学决定的，而是由利益决定的，此种教育政策对美国统治者最有利，所以他们才选择了它，哲学只是其说辞而已。再说，哲学家也是人，哲学家的思想是有倾向性的，俗话说屁股决定脑袋，难道哲学家的屁股是由特殊材料制成的，与脑袋无关？我不相信有这种事。某些哲学家喜欢某些政策，另一些哲学家喜欢另一些政策，某些人喜欢某些哲学家，另一些人喜欢另一些哲学家，都不是偶然的，最深层次的主要原因是利益。还有，作者说美国公立学校的政策是由哲学决定的，那么私立学校的政策是由什么决定的？作者没说。要知道那才是美国教育的核心部分。

任何社会，精英都是极少数。问题不在于精英是不是少数，而在于社会有没有权利让教育从一开始就偏向精英阶层。美国人认为此事天经地义，愚以为这就是不合理，不公平。精英与精英并不相同。很多精英一心为精英集团谋私利，企图世世代代占据金字塔顶端欺负老百姓，还有一些精英正相反，他们一心想着多数人，想着普通百姓。后一种精英才是社会的真正脊梁和火车头，这种精英办教育，一定强调教育公平、公正，一定重点帮助那些最下层的百姓接受尽可能良好的教育，而不是凑合能当劳动力的教育。这种教育是培养"劳动者"的教育。培养劳动者的教育，也会出精英，但这种精英，他的身份首先是劳动者，其次才是为劳动者服务的精英。

2016 年 10 月 2 日

42. 美国人怎样研究中国教育？

普通美国人对中国几乎没什么了解，很多美国人还以为中国人天天吃左宗棠鸡和蒙古牛肉，见面就说粤语。然而，美国的教育界却一直在很认真地研究中国教育，而且是使用科学的研究方法来研究，而研究的成果经常能在第一时间反馈到政策的决策者和制定者那里，从而让美国的教育部门能够评估研究成果，决定是否采用。从美国人研究中国教育的做法中，我们可能会得到一点儿启发。

最早对中国的"全国统一教材""全国统一考试"产生兴趣的是布什政府。他们开始对中国的高考产生了强烈的兴趣：为什么中国要举行这种统考？为什么中国的大学录取学生不是像美国那样？这种考试形式可以引进到美国吗？产生这个兴趣的原因是当时从美国的公立学校毕业的学生，有很多人都不具备基本的阅读能力，也不具备基本的数学能力，已经无法适应新时代高科技工作的新要求，甚至连大学招进来的新生，有很多人还要补习高中数学和英语阅读。以比尔·盖茨为首的高科技公司领袖对此非常不满，甚至要求美国国会开放更多的来自中国和印度的工程师签证名额，以解决美国本土培养的工程师数量不足的问题。他们认为，造成美国学生学术能力低下的原因就是美国没有考试，学生有没有学到东西谁都不知道。

于是，美国的教育专家们先对中国的高考进行了科学研究。他们认为，中国的高考是既没有效度，又没有信度的考试。效度是指题目中考的东西究竟跟课本要求、老师教的东西吻合度有多大。假如考的内容跟上课的内容没什么关系，这份题目的效度就差了。假如效度不好，我们就无法知道这一届学生懂的东西跟上一届学生是否相同，换句话说，我们招进来的学生是否就是我们想要的学生。效度不好，就没法得到这个问题的准确答案。没有信度，指的是在难度和题目的一致性方面，每一年的高考都不一样。有时候难，有时候容易，因此，无法知道这一届录取的考生跟上一届录取的考生在能力上是不是一致的。

在得到这个结果以后，专家们给行政部门的意见是：中国的高考并不是一个科学的考试。然而，像高考那样的统考，在经过修改以后，可以成为一个科学的考试。比如说，可以用高考那样的统考形式，设计几套信度和效度很好的题目，来考一下美国的公立学校的学生究竟学到了什么东西。于是，《不让一个孩子掉队法》就产生了。这个法案要求各地的公立学校参加以州为单位的统一考试，根据考试成绩给学校排名和拨款。

到了奥巴马政府时代，奥巴马一直认为中国的基础教育比美国要成功很多。他的依据并不是研究结果，而是道听途说。他认为中国的中小学教育比美国成功的理由是：首先，中国学生在学校学习的时间比美国学生长得多。美国学生一年才上180天课，每天才上5小时的课，假期没有补习，这样少的时间，根本就不可能学到跟中国学生一样多的东西。其次，目前在美国硅谷工作的工程师，很多都是中国人和印度人。肯定是中国的数学和科学教育比美国好，才会培养那么多工程师在美国工作。最后，中国为什么能举办全国性的统考？肯定是全中国的高中生都学同样的课本。

于是，教育专家们又开始认真研究有关中国的这些传说。经过研究他们发现，原来中国已经没有统一的课本，也没有全国统一的高考了。但是，他们认为这样做似乎弊大于利。美国要改革教育，应该采用中国从前使用过的"全国统一课程标准，统一教材"的做法。

于是，在各州的州长协会的推动下，全美统一的课程标准陆续推出，教育改革进入新的阶段。

我们可以发现，美国人是非常认真地用科学的方法来研究中国的教育，并且很认真地吸取中国教育失败的教训，采用其中合理的方面来做行政上的推广。这一点，值得中国教育界的研究人员和政策制定人员认真学习。

（《给学生无限可能——细说美国教育》，第 97—99 页）

中国的高考试题确实有毛病，但说它既没有信度也没有效度，证据不足。据我所知，高考的所谓"客观题"就是从西方引进的，似乎很科学，其实，信度和效度都很成问题，考生胡乱选择也能得些分数。奥巴马认为中国基础教育比美国成功，作者觉得奥巴马是"道听途说"，我不知作者这样讲有何依据，但愿不属于"道听途说"。其实，奥巴马的几条理由都有道理。尤其是合格工程师数量的多寡，是一个国家基础教育成功与否的重要标志。作者方老师总是以诺贝尔奖获得者的多寡和比尔·盖茨之类人物的多寡来衡量一个国家的教育水平，我认为这是非常片面的。事实上，一个国家教育水平的高低，要看它能否培养出足够数量和质量的各级各类人才，能否从整体上提高全民族的素质，决不可只看金字塔的顶端。用这个标准衡量中美基础教育，未必能得出美国领先的结论。当然，这并不妨碍我们认真学习美国基础教育的长处。美国教育界认真研究并借鉴中国的基础教育，这种开放的学习态度正是美国厉害的地方，确实值得我们学习。落后了固然要学习，即使不落后，也仍然要向一切国家学习有用的东西，这一点永远不能变。

2016 年 10 月 3 日

43. 关于批判性思维

许多美国的大学老师发现，中国来的学生缺乏批判性思维。所谓批判性思维，很大一部分是指一个人对资讯的分析、比较、应用和评估的能力。中国的教育很强调复述（把知识完全背下来，或者用自己的话总结出来）和应用能力，对分析能力也有涉及。但是，却基本没有要求比较和评估。

美国的英语教育最先训练的是学生的比较能力：让学生自己去发现两样东西、两个观点的不同之处。然后，是分析能力：分析造成某种现象的原因是什么，有什么证据支持自己的分析。最后，就是评估：按照某些评估的原则，通过对两样东西的比较，或者对一堆东西的比较，来判定哪样东西最符合标准。复述能力和应用能力是最基础的能力，基本在小学四年级以前就训练完成了。

因此，在美国的中学英语课上，我们可以看到学生阅读同一个作家的一系列作品，然后对这个作家的修辞方式进行比较，从而发现这个作家在营造气氛方面有哪些独特的手法；或者通过阅读两位不同作家有关同一个主题的作品，评价他们在表现人与自然的斗争方面谁做得更好一点儿……于是，我们会看到美国的英语课本上的每一节课所教的知识都是线性的、有系统的、有目的的；每一位英语老师在讲同一课的时候，讲的相关文学理论都是一样的，绝不会像中国的中学语文课那样，一百个老师上同一节课，可能会讲一百种不同的内容。

最后，由于中国的学生从来没有接受过完整的批判性思维的能力训练，因此，在阅读方面存在严重的理解问题。可能在中国的语文课上，长期以来一直是由老师告诉学生某篇课文的中心内容是讲什么的，学生只要记住就好了；结果，真的有一

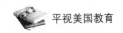

篇文章要让学生来判断究竟中心内容是什么，学生反而做不到
了。于是，在美国大学的课堂上，老师们经常会发现中国学生
根本就不明白某篇文章里作者的意图，不明白中心思想。更可
悲的是，因为中国的中学语文课基本上是不教文学理论的，因
此，有些中国学生完全无法正确理解一篇使用了"反讽"或者
"矛盾"手法的文章，更无法理解文章的"感情"和"色彩"
对表现作者意图的作用。

我把这个问题写在我的博客上发表以后，不少读者读了我
的文章后，根本就没有理解中心思想，只抓住只言片语就开始
评论或者谩骂，有的人则完全是理解错误的。这种现象，跟中
国的语文教育也是有非常密切的关系的：中国的中学语文教育
好像从来不要求学生通过阅读产生自己的观点，不要求使用阅
读的文章里面的证据来支持自己的观点，这导致很多人理解能
力较差。

（《给学生无限可能——细说美国教育》，第 104-105 页）

我认为作者说得有道理，我们真的很缺乏批判性思维的训练，这是整
个国民素质的一个突出的弱项和短板。

所谓"批判"，在汉语中有两个含义。一个是说，我先确定一个东西
是错误的，然后加以分析和否定；另一个含义则不同，它不是先做结论，
而是分析判别，然后再评论好坏，这种批判不一定是否定的，它侧重分
析。[参见《现代汉语词典》（第 7 版）]

批判性思维中的"批判"，采用的是第二个意义，而不是第一个意义。
可是我们这里流行的，却是批判，而不是批判性思维。比如网上，最多的
发言是吐槽和点赞，吐槽是简单化的批判，点赞更与批判性思维无关。批
判性思维是科学研究的思路，批判则是"文革"式的"批倒批臭"的思
路。在这种社会风气的影响下，学校的课堂上也就很难有多少批判性思维
了。我们的课堂上有些学生的发言是质疑性的，但这不一定是批判性思
维，因为那往往只是表示了反对，看不出思考和分析论证的思维过程。总

之，无论是社会上还是课堂上，人们在出现不同意见的时候，最常见的情景是六个字——有批判，无思维。

批判性思维从本质上说是独立思考，但真做到独立思考是很难的。有些人以为只要我和别人意见不一致就是独立思考了，就"有个性"了，还有人以为只要发表点和主流意见不同的看法就是独立思考了。他们所谓的独立思考与否是以站队为前提的，你和我意见一致，你就是独立思考了，你就是批判性思维了；你若和我意见不一致，你就不是独立思考，你就是被"洗脑"，被"奴化"了。我在网上见过不少这种"独立思考"。他们的观点，基本上是某些人观点的鹦鹉学舌，哪里有自己的分析思考在其中？我不是说你不可以赞成美国人的意见，你做坚定的"美粉"也无所谓，但你不可以自诩你独立思考了，有批判性思维了，因为我看不出你独立思考的"产物"在哪里。你说你是生产者，你得能证明哪个思想产品确实是从你的头脑中生产的，不是别人说过了你来重复一遍的，否则你就只是一个"二传手"甚至三传手、四传手……×传手。独立思考与否与立场无关。你不是"美粉"，你大骂美国，也不等于你就独立思考了。你支持我的意见，我可以引为同道，但也不等于我就承认你是独立思考了；你反对我的意见，我们道不同不相为谋，还可能会论战，但你若确有独立见解，我会承认你有把刷子，是个人物，而且愿意和你讨论问题。

判断一个人是否独立思考，是否具有批判性思维，最重要的标准是看你能否说出别人没有说过的话，且确有道理。按这个标准衡量，你会发现有独立见解的人其实很少，培养起来也很困难。"天下文章一大抄"，我们在大多数情况下是在说着别人说过很多遍的陈词滥调，偶尔有点微调，加点个人色彩，就算不错了，甚至也就可以算是"创新"了。问题是有些人连这一点"偶尔"也始终做不到，这就比较遗憾了。我们对学生加强批判性思维的训练，就是要解决这个问题。从理论上说，每个人都有批判性思维的潜能，若培养得当，谁都能有所创造，只是程度不同而已。

培养批判性思维有两个条件，一个是要有比较宽松的环境，能容忍不同的意见，提倡讨论和争论；另一个是教育者本身要有批判性思维的习惯和能力。这两个条件，目前我们学校里都十分缺乏。学校里要有某

种"非应试"的氛围，才谈得到培养学生的批判性思维。但这还不是最重要的，最重要的是教师素质。一个教师如果自己具备批判性思维的习惯和能力，则他的教学会不知不觉地渗透着批判性思维，麻烦的是具备这种素质的教师实在不多。于是人们把希望寄托于教师培训，可是据我观察，教师培训的课程本身，也往往缺乏批判性思维，很少分析，一般都是把一个现成的"真理"传达给学员，让他们去"领会、掌握、落实"，这是行政管理的路子，完全不是科学研究的路子。此事这样空说说不清楚，需要举例说明。所以我主张开案例诊断课。在案例诊断中，批判性思维可以得到比较鲜活的体现。

2016 年 10 月 6 日

44. 送孩子去美国读中学，好不好？

送孩子到美国读中学是害了孩子吗

随着中国人的经济能力越来越强，把孩子送往美国读书的人越来越多，而送孩子到美国读中学的人数近年来更是成井喷式的增长。很多国人对美国存有玫瑰色的浪漫幻想，认为在这个"素质教育"的国度，孩子肯定能接受到世界一流的教育。假如有人警告说"把太小的孩子送到美国读书，有可能害了孩子"，很多国人都会不相信这样的警告。

美国的中小学水平良莠不齐，私立学校学生的学风和纪律比较有保障。但是，因为私立学校的教师是不需要有教师执照的，工资、福利跟公立学校无法相比，所以，不是名校的私立学校里老师的水平可能不怎么样，教出来的学生水平可想而知。

公立学校的情况就比较复杂了。美国公立教育的目标只不过是培养能"平衡自己的支票本"和"知道如何投票"的社会螺丝钉，因此，没有任何一所公立高中会鼓励学生考取美国最好的大学。假如有一个公立学校的学生跟顾问说："我将来想上哈佛。"得到的回应90%会是："哈佛未必适合你。其实，州立大学也不错啊！事实上，你基本没什么机会上哈佛。"正因为有这样的指导原则，我们可以发现，除了少数特别好的，或者是重点学校外，美国公立高中的"升学率"（升读需要通过竞争筛选的四年制大学）都相当低。

比如，我所在的高中是旧金山炙手可热的高中，每年能进入加州大学伯克利分校或者洛杉矶分校这样好大学的学生，不超过20人（毕业生有500多人）。而有机会上诸如常春藤或者

斯坦福那样的名校的，20年才出几个而已。而进不了名校的原因并不是学生不够聪明、成绩不好，或者素质不高，很多人纯粹是因为缺乏信息，或者不懂升读美国名校的规矩。有一位学生家长曾对我说，他的女儿在国内上重点中学，成绩非常拔尖。他以为美国机会更多，就带着女儿到美国来读中学，结果因为在公立学校升学信息严重缺乏，在备考SAT等考试时更加落后于配备有"新东方"这类补习学校的国内同学，最后竟然被顾问忽悠进了社区大学。而女儿国内的同学，尤其是国际班的同学，在有针对性的课程和包装的帮助下，成绩比她差得多的都被美国名校录取。说起来真是欲哭无泪！

美国的公立初中的教育哲学是教学生"学会怎样学习"，因此，对学生的基础知识是不要求牢固掌握的。问题是美国高中的科目，尤其是科学方面的科目，程度却是非常的深。比如普通物理，一开始学力学就要求学生用三角函数来做受力分析，而大学预科物理则一上来就要用微积分。假如不是出自名牌重点初中或者名牌私立初中，学生们到了高中根本就没法选修高层次的数学和科学课。上不了高层次的数学和科学课，想进重点大学基本就没希望了。从中国来美国读书的孩子，在中国时可能是上小学，可是到了美国后根据岁数分班，很有可能被分配进初中（因为在美国很多地方六年级是属于初中的）。如果英语不够好，还很有可能被分到跟拉丁裔学生在一起学英语。拉丁裔学生大部分不爱读书，程度比较差，中国孩子在这样的地方待的时间越长，越学不到东西，到最后连在中国已经会的数学都忘得一干二净。

在美国公立高中，老师是不会追着学生要作业的，一切都靠学生自觉。学生的负担是轻了，每天都没有作业，每天都不用复习，天天下午三点多就放学。同时，美国的老师也不会管学生早恋，未成年男女在一起，只要不被警察抓到喝酒、吸毒，基本上是没有人管的。一个在国内读重点中学成绩优秀的乖孩子，来到美国后假如读公立高中，又没有父母严格监督，可能一个星期就变坏，吃喝嫖赌抽，样样都会了。

我有个学生，他父母花了一大笔钱把他送到美国读私立高中。才一个星期他就说受不了，嫌学校管得太严格，没中国食物吃，连个黄种人都见不到。而且私立学校学费太贵，不值得，希望到旧金山来读公立学校，还免学费。他的父母又花了一笔钱运作，终于让他进了我所在的高中。这个孩子如鱼得水，开心得不得了。为什么呢？我所在的学校的中国学生的同乡会不是以省，也不是以市，而是以小区来划分的！也就是说，我们学校的华人人数多到你可以找到一堆在国内的时候跟自己住在同一个小区的老乡。于是，他上课的时候就发微信，下课就跟老乡们在一起玩。最聪明的同学把作业写好就贴在QQ空间，让大家直接抄，反正大部分老师也不批改作业，只看是否都交作业了。过了大半个学期，该生发现自己的普通话水平见长，粤语水平见长，就是没学会半句英语。

可惜，这些孩子最终还是得参加高中毕业考试；想上大学，还得考SAT，考ACT。在这些真刀真枪的考试面前，什么都没学到的美国"素质教育"的牺牲品们最终是一败涂地。难怪家长们纷纷吐槽：我送孩子到美国读中学，竟是害了孩子！

中国孩子到了美国会怎样变

很多人以为中国孩子到了美国会变成另外一个人，从一般的学生变成天才儿童，考上哈佛、耶鲁这样的名校就跟玩儿一样；或者从普通的艺术爱好者变成专家，举办画展，或者开世界巡回音乐会之类。这种错误认识让国人感觉美国的"素质教育"真的可以让人脱胎换骨。其实，这种印象是十分错误的。以我多年来在美国做教师的经历来看，中国孩子到了美国，假如是进入大城市的普通公立学校的话，大部分会比在国内更

差。美国的教育研究数据也证明，中国移民的孩子到美国的时间越长，学习成绩跟普通美国学生越接近，也就是说越差。

不可否认，美国教育中有不少地方是远比中国先进的。比如，美国有一套让天才学生出头的系统，可以让学有余力的学生通过这套系统脱颖而出。美国有鼓励学生创新的土壤，可以让学生的创新能力充分地发挥。最重要的是美国的高中老师大部分拥有硕士学位，很多拥有博士学位，平均而言在学术方面比中国的中学教师要高得多。因此，某些在国内学业平平的学生来到美国后，可能受益于这些因素而变得非常成功。比如，几年前入围被称为"小诺贝尔奖"的英特尔科学奖的一个来自广州的学生，获奖的研究是挑战物理课本中麦克斯韦的理论公式。这样的研究在国内是不可想象的。中国很多大学教师都只停留在"高手匠人"的阶段，距离美国大学教师的"理论创新指导者"的阶段还有一段距离，更不用说中学教师了。

然而，美国公立教育的哲学跟中国完全不同。中国孩子到了美国，变坏的可能性比变好的可能性要大得多！

第一，美国的公立教育并不要求所有的学生都升读大学，更加不要求学生进名校。学生的升学率从来不是考核学校是否有名，或者老师是否教得好的标准。在很多地方，学生的成绩跟教师的工资完全不挂钩，因此，教师完全可以不教书，不管学生。

第二，学生若上课的时候吵闹或者打闹，让老师无法上课，老师会干预。但是，如果一个学生天天上课时就是睡觉或者听歌，不吵别人，老师通常是不管的。从极为严格的寄宿学校来到美国的中国学生，突然发现在美国的公立学校如此自由，16岁就能拿执照开车，没人管你有没有写作业，没人管你考试拿多少分，没人管你恋爱，甚至在学校30.48米以外抽烟也不会有人管了，可能在一个月内就会变坏，成为一个酗酒、吸毒、打架、飙车样样在行的小混混。

第三，美国的公立学校是没有班主任这个职位的。学生一般的学业和心理问题，由顾问负责；严重的纪律问题，比如抢劫、吸毒、逃学之类，由训导主任负责；更严重的问题由校警负责。不交功课、每次测验都不及格这种小问题，是没有专人管的。很多学生到了快毕业时才发现自己没有修满足够的学分。不要说进大学，甚至连高中毕业都差很远。这时根本就无法补救了。

第四，美国的中小学非常重视家长的参与，家长的重视对学生的成功要起一半的作用。但是，大部分来到美国的中国家庭，可能因为工作关系，双亲一天要工作十几个小时，根本没有时间；可能因为语言障碍，家长完全无法参与，无法要求学校提供给孩子足够的照顾和服务；也可能因为文化的关系，不知道美国学校中家长的权利和义务，以为把孩子送进学校就一切搞定了，不需要自己去管。结果导致没人管孩子，孩子变坏了、被警察逮捕了父母才知道，后悔却已经太晚了。

第五，因为美国的公立学校并不要求学生进名校，因此，很多在高中当顾问的人都不知道如何指导学生申请名校。很多在中国都能得到的资讯，反而在美国无法得到。因此，孩子在中国学业水平一般，希望到了美国进名校就易如反掌的家长，应该丢掉幻想。

综上所述，假如孩子在国内时就缺乏自律，成绩又一般，英语能力又差，家长又不能跟来全程监督，最好还是丢掉幻想，老老实实在国内参加高考，考上以后再考虑留学，说不定比在美国读中小学要有出息得多。

（《给学生无限可能——细说美国教育》，第112-117页）

这是书中两个标题的全部内容，材料比较丰富，也很具体。我想我不需要再解释了，各位读者可以自己判断，送孩子去美国读中学，好还是不好。有些家长向我咨询送孩子去美国读中学早不早，我一般这样回答：如果孩子到了美国没有家长或亲属、长辈经常照看，孩子又缺乏较强的定力和自理能力，最好先别去，到大学再说。

2016年10月8日

45. 美国学校如何管理教师

中国的教师对美国高中的一切都感到新奇，问了很多问题。我感觉，他们最感兴趣的一个问题就是：你们学校是如何管理教师的？

这个问题我还真不好回答。在美国当了那么多年的教师，好像没感觉到什么人在"管理"我。

可不是吗？我们上班要签到，下班不需要签到，也没有坐班制。虽然没有规定什么时间必须到学校，但老师们都很自觉，在上课以前肯定会到的，迟到、旷工之类的情况很少发生。教师是一个专业工作，不是电子厂的装配工，不需要打卡上班，打卡下班。假如老师应该在教室里面看着学生，可是人没有到，学生出了事，老师要负极大的责任，谁会拿自己的铁饭碗开玩笑呢？

对教师的评价并不跟学生的学习成绩挂钩，也不跟教师的出勤挂钩，那么下一个问题来了：既然校长不需要事事亲力亲为，不需要管理教师，同时，校长也不教课，那么，校长平时都干些什么？

这个问题太难回答了。我从来没当过校长，怎么知道呢？还是让他们问我们的校长好了。

让中国老师们感到有点惊讶的，是美国的老师只管教书，"班主任"是只在中国才有的概念，美国没这个东西。

（《给学生无限可能——细说美国教育》，第121-122页）

美国校长不需要管理教师，也不教课，那么他都干些什么？中国教师的这种问题非常有趣。这就证明，在我们的头脑中有一个根深蒂固的观念——所谓校长，就是管老师的。同样道理，所谓班主任，自然就是管学生的，不信你去问问学生，学生也是这么看的。我们从上到下，就是这样一层层"管"下来的。只要负点责任的人，就要管人，在我们看来，这是天经地义的事情。所以美国学校的管理方式特别值得我们注意，我认为这里有可借鉴的东西。

教师是专业人员，专业人员和他的专业，都应该得到尊重，而不应该全都纳入管理的轨道。管得太多，专业人员的主动性、积极性和创造性就会受到压抑，思想会越来越懒惰，责任心会越来越差。反正什么事上级都想到了，我听喝就是了，干好了是你领导有方；干不好，对不起，不是我的责任，我是照你说的做来着，我是执行者。应该说，在我们的学校里，这种现象挺普遍的。

我们的教育体制，从整体来说就是为管理而设置的，为追求某个指标（如升学率）而运转的，这种设置几乎不可避免地会把教师变成实现指标的工具，教师也就很容易把学生看成实现自己任务指标的工具。于是，教师的主体性、学生的主体性，肯定都难以得到尊重。比如，某位教师认为升学指标并不重要，某位学生不想上大学（虽然他有这个实力），若尊重人的主体性，这都无可非议，属于一种个人选择，但在我们的体制中，这就是异端，需要加以"管理"。管理主义，管理至上，本质上是对个人主体性缺乏应有的尊重，体现在教师的管理上，就是无视教师的专业尊严。比如，某位校长从哪儿见到了一种新的教学方法，为之折服，他就强制全校教师都用此种方式教学。我认为，校长个人欣赏某种教学方法完全可以，你热心地向全校教师推荐也可以，但是你没有权利强制每个教师都用此种方式，因为用什么方式教学，这是教师作为专业人员有权自主决定的事情。但是现在有的校长搞强制性的一刀切，似乎没有什么办法能够约束他们。校长是行政人员，管理是其职业病，这也可以理解。但是，教研员应该是专业人员吧？你搞专业的，难道不懂得尊重教师的专业尊严？对不起，有些教研员的工作方式、做派、说话腔调，往往活脱脱就是个官员，而不像科研人员。人说中国社会有官本位现象，我觉得此言不虚。中国人很少没有官瘾的，大家似乎生来都有"管"别人的嗜好，以管人为乐，用管人数量多少来衡量一个人的价值。这种文化，要加以扭转，要费很大的

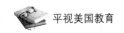

力气，花很长的时间。

有买的才有卖的。我们盛产管理者的一个更重要的原因常常被忽视，那就是，有些人"渴望被管"。越是缺乏独立思考能力、缺乏研究能力、业务水平比较低或者能力平平的教师，越希望有人"管"他，而且管得越细越好。据说教参这个东西，就是因为初期为普及教育，大量文化水平很低、完全没有业务能力的人做了教师，教育主管部门只好编教参发给他们应急用的，没想到后来成了常态了，拐棍离不开了，现在有些教师离开教参真的就没着没落了。我感觉这种老师至今仍然很多，他们是"严格管理"的最忠实的"消费群体"和最雄厚的群众基础。当然，他们同时也是对严格管理最怨声载道的。他们对上级管理是既反感又依赖，这种心态与有些长不大的孩子对家长的态度惊人地相似。

可见，要真正实现教师的专业自主性，有两个前提。一个是有关上级要搞清对教师什么是应该管的，必须管住的；什么是不该管的，不应干涉的，最好用法规条文把此事确定下来，防止校长们滥用权力或渎职。另一个是，教师一定要学会在专业上自主自立，不依赖上级，独立开发课程，独立确定教学方式。只有上下两方面同时用力，才能使我们的学校管理真正步入良性发展的轨道。现在的情况往往相反，学校越是"精细化管理"，教师主动性和独立研究能力越差，于是学校就不得不管得更细，形成恶性循环。我们的教育，管理色彩太浓了，应该有所改变。

2016 年 10 月 16 日

【晨曦中的陈锡（班主任之友）】

关于精细化管理，我想说说我的所见所闻。

我这里的学校都在实施类似先进班级评比的管理方式，领导每天都要评分，包括宿舍卫生、宿舍纪律、公区卫生、考勤、仪表、仪容等方面。

一般的班主任会呈现以下的三种应对姿态。

第一种是过度积极的。这类人主要是那些刚做班主任不久的老师，每天都为了那些评分而和学生较劲，渴望着自己班每天都能得到满分，渴望通过这些分数得到同事和领导的认可。殊不知，学生的素质总是有好有坏的，不少学生需要我们具备静待花开的耐心。这类老师由于太看重学校的那些精细化管理而弄得自己每天面对学生时如临大敌，疲惫不堪。

第二种是消极应对的。这类人主要是那些已经任教多年而又被学校逼着做班主任的老师。这类老师根本就不在乎学校的那些精细化管理，甚至想通过自己班级得到低分来向领导证明他们根本不是做班主任的料。这类老师虽然每天过得潇洒，却因为自己的不负责而耽误了不少学生。

第三种是虽然积极但是却又理智应对的。这类老师，我觉得才是真正研究型的负责的老师。对学校的那些精细化管理，他们不是消极应对，而是动员学生尽量严格要求自己做得最好，通过自身的努力为班集体争光。对每天的扣分情况，他们也会负责跟踪处理，但是不会因为学生的所谓过错而发怒，而是耐心地调查、了解，进而给学生机会加以改善，就算学生因为自己所谓的幼稚而一错再错，他们也有足够的耐心继续跟进教育并引导学生。他们重视学校的评分，但是不会因为评分不好而耿耿于怀，更不会因为分数低而迁怒于学生，只是把这些评分作为自己教育学生的一种手段而已。

希望第三种教育者可以多起来。

【王晓春读后】

学校管理越来越严，越来越细，越来越忽视教师的专业尊严，这是为什么？

你若去问校长，他会告诉你："我们学校跟别的学校不一样，我们的老师业务能力不强，自觉性差，只能加强管理。"这种话我听了好几十年了，数十年如一日。我曾经问过一些校长："您不是说教师的学历越来越高吗？怎么素质更低了，自觉性更差了？您做校长也很多年了，在您的领导下，教师素质应该提高不少了，怎么反而越管越严，越管越细，越来越不放心了？"对方

不说话了。

你若去问普通教师，他会愤愤地说："校长根本不信任群众，只相信他自己，强化管理只是为了追求业绩。他老说我们业务能力不够，老师被领导支使得团团转，什么都检查、评比。哪有时间学习？连备课都没时间！"这种话我也听了好几十年了，也是数十年如一日。我也曾问过一些老师："双休日和寒、暑假加起来，时间也是很可观的，请问您抽出多少时间读书学习、提高自身业务能力了？"对方不说话了。

人类找借口的能力真的很强，然而说到底，找借口都是自己忽悠自己，自己欺骗自己。

2016 年 10 月 17 日

46. 关于项目学习

中国留学生普遍缺乏一些美国学生普遍都具备的软实力，项目组织能力就是其中的一种。

我在国内读书的时候，作业里面是没有"项目"这个概念的。但是，美国的学生，从小学开始就要做"项目"，英语叫"Project"。

项目组织作业是一个综合考查学生研究能力、组织能力和表达能力的作业。项目有个人做的，也有集体完成的。个人项目有点像小论文，国内的学生可能也经常会做，但是，集体项目可能国内就比较少见了。一个普通的集体项目，通常会包括下面的组织步骤。

①学生针对某一个问题的不同方面进行探讨、研究。

②学生在小组中报告研究结果，确定项目的中心选题，讨论研究结果中有用和无用的资讯。

③每一个人都要对自己负责的方面负责，以统一的格式写出报告。

④小组集体修改每一个人的报告，以符合全组的项目要求。

⑤小组向全班同学汇报项目研究的结果。

从上面的步骤我们不难发现，在面对一个项目时，美国学生需要具有下面的能力。

①小组协作能力，在小组内确定分工的能力。

②整合小组成员的不同性格和能力，确保所有人都按时完成任务的能力。

③通过谈判和协调，让大家既能充分表达自己的意见，又

能放弃不符合小组目标的意见的能力。

④口头表达和解释的能力。

我在带研究生的时候，发现中国留学生在面对小组项目的时候，最怕下面几样东西。

第一，没有小组。因为文化和语言的关系，很多来自国内的留学生无法很快跟美国同学打成一片，当需要组成小组来完成一个项目的时候，美国同学因为对他们不了解，不敢邀请他们进入项目小组。

第二，不会当组织者。有些中国学生本来基础知识很扎实，完成项目所需要的知识也是足够的，完全可以起到项目组织者的作用。可是，因为中国学生从来没有当组织者的经验，经常会让另外一个相关知识没有那么扎实的美国同学当了小组组织者，有时候整个项目会因此走很大的弯路。

第三，缺乏交流和协调能力。美国学生从小训练对观点的评估能力，美国教育视之为"批判性思维"的培养方式之一。因此，对所有观点，美国学生基本都能以比较客观的方式表达自己的观点，对方可以有不同于自己的观点，但这并不妨碍双方成为极好的朋友。然而，中国学生对于面子看得比较重，假如两人私交甚好，有不同观点就不好意思说出来，怕得罪对方。结果，会导致小组项目缺少了重要的观点。另外，也有的中国学生害怕自己的观点不成熟，不敢说。而协调不同的观点，让大家在一个平衡点上取得一致意见的能力，中国学生更是大部分都不具备的，因为在国内可能从来都没有这样的机会。

美国学生从小学开始就要自己组织学生会。想当学生会干部的学生要自己组织竞选，自己拉票，参加辩论。到了中学，学生还要学会跟对手谈判以获得最大利益。这就是"领导能力"的一种。美国的大学在录取学生的时候，"领导能力"是一个非常重要的考量标准。而中国学生对这种"领导能力"，可能是闻所未闻的，体现在小组合作"项目"的组织能力上，就远远落后于美国同学了。

（《给学生无限可能——细说美国教育》，第126-128页）

我认为中国的学校都应该开展这类项目学习。这是一种培养学生的思维习惯和研究习惯的好方法，与学生年龄关系不大，低年级小学生都可以搞，只不过研究的问题相对简单而已。过去我们缺乏这种教学方式，主要是因为我们没有把学生当作研究者来培养。传统教育给教师的定位是传道授业解惑，学生的学习姿态都是"受教者"而不是"研究者"，学生只是教学的客体，不是主体。考试制度又大大强化了这种意识。项目学习很难考试，更难给每个人评分，所以在某些追求升学率的校长和老师看来，纯粹是画蛇添足，多此一举，于是他们就以"小学中学打基础，到了大学再研究"为借口抵制这类学习方式。殊不知我们这种"打基础"的方式不但打了知识基础，而且打了"非研究型、非合作型"的思维方式的基础，先入为主，一旦固化成习惯，有些人甚至终生都没有独立或者合作研究问题的意愿了，遇到问题只会向上级伸手。我在网上见到了一些这种老师。他们中有许多人并不缺乏聪明才智，可惜的是基础教育的负面作用把他们害惨了，到大学也没能纠正过来，于是这辈子就只能以"领会和落实上级精神"的姿态工作了。为什么我们这么缺乏研究型教师？因为想当初老师的老师就没把他们看成"研究型学生"，没朝这个方向培养过他们。当然，这些人做了老师之后，也就会把这种教育基因遗传下去，于是他们的学生长大，要是做了老师，也同样没有研究习惯和能力。

我的意思并不是说要把课堂教学都变成研究型的项目学习，那不可能，也没必要，但是每个学期各科至少应该搞这么一两个项目。要注意，这种学习方式，搞与不搞，效果大不一样。想当年我带着学生搞"开门办学、学工、学农"，也不是每天在车间和田野里劳动，一个学期不过十几天，但是有了这种体验，学生一旦毕业就很容易融入社会，书呆子气会少很多。同样道理，孩子从小接受过项目学习这类研究型活动，长大以后无

论干什么工作，都会有一些研究意识，他也知道从哪儿入手，也就是说，他有点科研人员的素质。这对提高整个民族的素质好处极大，只有目光短浅的人不懂这个道理。我遇到过一些老师，面对学生问题，也想诊断，但他根本就不知道往哪个方向思考，更不知从何入手。他作为专业人员，严格地说是不合格的。作为老师，他就会无意中误人子弟。结果他们那点精神头，都用在和学生较劲、爱学生、传承知识、追高分等事情上了。这些也不是不需要，但是太不够了。

2016 年 10 月 23 日

47. 我所理解的探究式教学

探究式教学法可以说是美国公立教育理论里面最臭名昭著的一个了，它不仅影响了并仍然在贻害美国普通公立学校的学生，还漂洋过海，成为许多中国老师热捧，视之为解决"中国学生缺乏创造力"的灵丹妙药。

探究式教学法的理论是瑞士心理学家皮亚杰和苏联心理学家维果茨基等由关于儿童心理认知世界的理论产生的建构主义学派提出的。建构主义认为，儿童在认识世界的时候通过自我探索所得到的知识和技能，既可以帮助他们发展对世界的认知能力和创造性，也能让他们更牢固地记忆所学到的知识。

这样一个心理学理论并没有问题。问题是，假如把这个理论当成一种教学法就麻烦了：老师本来五分钟就能讲通讲透的内容，让学生自己去探究，可能要花五天的时间；老师采用小组探究的办法，全组学生探究五个星期，结果差的学生还是什么都没探究出来，好的学生则浪费了大量宝贵时间。我在教师研讨会上还看到类似"通过探究重新发现牛顿定律"或者"通过小组探究发现了勾股定理"这样滑稽的事情。

为什么美国的公立教育界会把一个普通的心理学认知理论变成一个糟糕的教学法理论呢？原因有以下几点。

第一，美国的公立学校除了少数重点学校以外，很多学校尤其是大城市内城的学校，都是不能教书的战场。上课的时候，这些学生会像不受控制的动物一样乱蹦乱跳，打人砸东西，或者肆无忌惮地大声说话、狂笑、唱歌跳舞，反正就是不能静下来听老师讲课。假如把这些乱蹦乱跳的学生放进一个个小组里面，以探究为借口让他们随便说话，那么老师的压力会减轻很多。

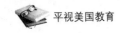

第二，美国有某些少数民族一直在要求教育公平。他们认为，由于教育不公平导致他们的成绩一直都差，直接影响到他们进入好大学。事实上，这些人的成绩差其实绝大部分原因是他们根本就不想读书，不够勤奋。要解决这个问题，用探究式教学法最好了，因为在小组里面，即使有人当南郭先生也不会有人知道，只要小组里面有个学霸，整个小组的成绩就会提高。这样，懒人也能拿到好成绩了，学校也避免了被这些少数民族人士告上法庭。

第三，在美国普通公立学校教书的老师们，真的是度日如年。正常的"教师讲课，学生听课"基本无法进行。现在有了这种教学法，就可以以探究为名，让学生整天探究，整天玩乐聊天，难熬的时间也会过得非常快了，因为要能"探究"出一个结果，起码要花比老师在课堂讲课多几十倍甚至百倍的时间。

20世纪80年代的美国教师执照训练课程，基本上就是给候选教师们灌输这种探究式学习的模式。现在，当年学这种理论的教师当上了教育局领导了，能想到的教学法也只有这个。于是，这样糟糕的理论便继续影响新一代的学生。

2006年，三位专门研究人类学习、认知心理和生理的专家理查德·克拉克、保罗·基尔施、约翰·斯韦勒，在《教育心理学家》期刊发表了他们的研究成果。这篇论文用翔实的数据证明，将建构主义的心理学理论变成教学法是一个错误的做法。建构主义其实是有关一个人如何学习和看待世界的理论，可是很多教育者把这个理论当成了教学法。探究式的学习只能在参与者已经熟练掌握了相关的知识，甚至是专家级时，才会有效。另外，小组协作式的探究学习，只能在参与者都一致希望研究该题目时才会产生效果，假如在小组中有的人什么都不懂，有的人不想学，那么小组协作根本就不会有任何效果。效率最高的学习方式仍然是教师主导的课堂教学，而不是以学生为主的探究式学习。"牛顿等科学家花了几十年甚至几百年得到的定律定理，不可能由一帮没有足够基础知识的学生在短短几天、几个星期重新通过探究而发现！"

然而，因为美国的公立学校中大部分学生还是不想读书，学校也不要求他们懂太多，因此，这种糟糕的理论相信还会长期在美国公立学校存在。而认真学习这种理论的中国教育界，并不知道美国为什么会有这样的理论，更加不知道美国的精英学校是根本不会采用这种理论来教学的。

（《给学生无限可能——细说美国教育》，第 131—133 页）

这里所说的"探究式教学"似乎是这样的：不要传承已有的知识，而要让学生自己去发现这些知识，比如牛顿运动定律，就要让学生自己重新去发现。怎么会这样理解呢？我很奇怪，因为这太离谱了。要是按照这样的逻辑，语言文字也应该由学生自己去"发现"，学生马上就退回去成为原始人了，他们需要探究的那些知识，即使活一千岁，也无法毕业。据我所知，我国教育界好像没有这样理解探究式教学的，美国教师会傻到此种程度吗？成了漫画了。

我个人对探究式教学是这样理解的。所谓探究式教学，是相对于接受式教学而言的。在接受式教学中，问题、问题的解决方法和答案都是给定的；而在探究式教学中，问题主要是由学生自己提出的或发现的，多属生活中的实际问题，解决的方法也得靠学生自己去想，教师顶多指导个程序或框架，而答案则师生事先都无法知道。很显然，探究式教学不可能成为基础教育的主要学习方式，中小学生应该用更多的时间去接受，而不是探究，否则太不经济了。但是接受式教学有一个很大的弱点，学生学的是间接知识、书本知识，缺乏亲身体验，缺乏主动性和独立性。所谓传道授业解惑，指的就是这种高效的但有偏颇的教学方式。这种方式传承知识确实高效，一句话可以使你少走很多弯路，但这走的是现成的路，若要开出一条新路，做开拓者，这种教学方式就不是高效的了，不但不高效，还可能低效，因为习惯走现成道路的人遇到无路可走的情境会恐惧，会不知所

措。接受式教学法有不利于创新的一面，就是如此。当然，人所学的现成知识也可以作为创新的支撑，这是它有利于创新的一面。我理解，探究式教学法正是为了克服接受式教学法的弊端而提出的，它不是要把接受式教学法赶下舞台，取而代之，而是作为一种补充，占教学的一席之地。比如，每个学期搞这么一两个"项目"，就属于探究式教学。就好像教师平时总是带着学生走现成的路，但偶尔也会把学生带到一个无路可走的荒原，让他们自己试试踏出一条路来。据我看，这种教学方式虽然不必占很多时间，但不可或缺，它太重要了。然而，这种教学方式很难用考试方法来评价（考试只适合考那些"素有定评"的东西），所以有些教师不重视它，再说搞这种教学方式对教师本人的创造性有一定要求，有些思维死板的教师达不到，他们就会本能地感觉这是瞎折腾。

按方帆老师所说，美国的不少老师是把探究式教学当成遮羞布了，这样一来自然很快就把探究式教学的名声搞臭了。我想这不能怪探究式教学本身，怪只怪执行者利用它来谋私了，这和假冒伪劣商品毁掉名牌的道理是一样的。

2016 年 10 月 25 日

48. 关于分层教学

美国公立教育中一个很糟糕的理论叫"分层教学"。这个理论的中心论点就是：假如一个班的学生程度不一，比如高中一年级的代数课，班里学生分为五六个程度，从刚刚学会 10 以内的加减法到懂得对数方程怎么解都有，实施这个"分层教学"，就能让所有学生都学到高水平的数学。

分层教学的做法有以下几种。

第一，把全班学生按照程度分成若干个小组。老师每次只到一个小组讲若干个适合他们这个组程度的题目或话题，其余小组先自修或者做课堂作业。

第二，按照学生的程度把学生分成若干"层"，教师对每一层的学生有不同的要求。比如，程度最高的学生要完成 10 道题的作业，程度次高的只需要完成 8 道题，然后再低的完成 6 道题……依此类推。

第三，把全班学生按照程度分成小组，程度最高或者最低的小组由老师教，其余学生自学。

分层教学理论可以解决什么问题？

第一，因为学生学习能力的高低不同，分层教学可以更好地解决不同程度的学生在一个班里面学习的问题：也就是说，分层教学为教师无法在课堂上完成教学任务和课程目标提供了最好的理论借口。

第二，美国公立学校的老师上课上什么内容基本由他们自己决定，而同在一个初中代数班，有的学生可能已经学完了小学算术的全部内容，可是另外一些学生可能只学完了 10 以内的加减法。分层教学把所有程度的学生都放在同一个班，省去了要给学生按照程度分班的麻烦。同时，因为分层教学的做法

就是"混合",因此,调皮捣蛋的学生不会集中在一起,不会出现全班造反、教师天天都无法上课的情形。

第三,这个是中国特有的——中国的父母绝对不能接受学生被分到"低程度"的班里面去。假如是分层教学,学生不管聪明还是愚钝,学习成绩好还是差,都混合在一起,中国父母就不会有意见了。

············

分层教学理论在实践中为什么是无效的?

分层教学理论是个别从来没有在课堂上教过书的学者凭空想象出来的,在得到了一些有政治野心、同样没有任何课堂教学经验的教育局局长们的推荐之后,俨然变成了一个主流教育理论,在美国任何一个公立校区都能看到它的踪迹。那么,分层教学为什么是错的?

第一,分层教学声称一个班可以分为十几个水平,通过分层教学的方法,教师可以因材施教,让所有的学生都能学到最适合他的内容。这种说法完全是胡说八道。假如一节课有50分钟,假如教师面对的学生程度相差不多,教师就可以100%按照一个课程标准来教,学生们也100%学到教师教的内容。但是,假如学生的程度相差太远,教师必然要面对究竟讲程度高还是讲程度低的内容的状况。无论讲哪种内容,班里都会有相当一部分人什么都学不到。如果"分层"教学,每种程度的内容都教,必然会让学生的学习时间从50分钟变成10分钟甚至5分钟。这样,学生根本不会有足够的时间去学应该弄懂的内容。

第二,因为一个班里面学生的程度相差太远,低程度的学生根本就听不懂老师在讲什么,郁闷之余肯定就要破坏课堂纪律。如果"分层"教学,让高程度的学生先做课堂作业,老师跟低程度的学生讲课,然后再让低程度的学生做课堂作业,高程度的学生听老师讲课,这样做仍然无法避免教师在讲课的时候,其他学生在下面搞小动作甚至极度破坏课堂纪律的情况。

第三，假如使用这种"要求不同"的分层教学方法，让低程度的学生只完成一半甚至1/4的课程标准和作业，那就完全是自欺欺人了。为什么他要做100道题才可以拿100分，而你做20道题就能拿100分？这还能把那节课称为"代数"或者"几何"吗？

其实，所谓"分层教学"，仍然还是有"按照学生程度不同，因材施教"的影子在里面。分组也好，要求不同也好，都是针对同一程度的学生，只不过"分层教学"是把不同程度的学生混合在一个班里面罢了。既然在一个班里面，要通过分组、分层的方式把不同程度的学生分开来教，为什么不干脆把不同程度的学生分到不同的班级去？这样，所有的学生不就都能得到最合适他们程度、最适用于他们的教育了吗？

综上所述，美国的分层教学理论根本就是极为糟糕的垃圾教育理论，其希望达到的目的完全可以简单地通过"分班教学"——把学生按照不同的程度分班就能做到，然而分层教学却硬要把不同程度的学生混合在一个班，然后再分小组，让程度高的学生想学却没有时间学，而程度低的学生又学不到足够的东西。这种违反教育常识的"理论"，竟然在"素质教育"的故乡美国出现，真是令人超级无语！

（《给学生无限可能——细说美国教育》，第134—137页）

我感觉作者似乎是站在美国教师的立场上评论中国学校的分层教学的，有隔膜了。

中国中小学的分层教学，未必全是从美国那儿学的，很多是自然产生的。一个班学生水平严重不齐，教学就会遇到困难。一般教师都采取"取中"的办法，以中等生为标准来备课讲课，这样就照顾到了多数学生。然而尖子生吃不饱，低分生跟不上，也是实际问题。于是教师们就补课，课后给尖子生吃小灶，给低分生多讲两遍。但是师生的课后时间毕竟很紧张，有些教师就干脆在课内做起了文章，比如给多数学生讲完之后，让他们做练习，

此时教师再给少数人补讲，或做个别辅导。中国农村有些学校还有复式班，即不同年级的学生在同一教室由同一个教师上课，他只能这么办。把这种办法迁移到分层教学上来，也是很自然的。方老师的基本观点是应该分班，不应该分层，殊不知分班在中国有很大的困难，条件未必允许，家长也不答应。中国人对身份非常敏感（这与我们的文化传统有关），你一分班，有的家长就觉得自己的孩子被打成另类的了，被抛弃了；有的家长会觉得自己的人格受到了侮辱，于是跟你没完。当年我教初三毕业班，中考前一个月，学校安排年级办一个高分生的补课班，选各班成绩最好的、有希望考上高中的学生参加。我只好照办。结果落选学生的家长很不满，有一位差点和我打起来，其实，他的孩子考上高中没有一丁点希望，后来事实证明也确实如此。你看，连个临时分班都不行，更何况常规？所以中国的分层教学，不能搞走班制的学校，多半在班内进行，这是没有办法的办法。

方老师认为这种办法完全无效，我看不尽然，据我个人的经验，分层教学有一定效果，不管怎么说，这也算一种粗略的因材施教，我认为方向是对的。方老师认为不同水平的学生混编只有坏处，也不尽然，应该看到他们还有互相帮助的一面。教师对不同学生提出不同的要求，也有好处。比如考试，我就单独告诉有些孩子，难题就放弃，全力做基本题，结果他们的分数反而提高了，因为他们若平均用力，做难题实际上拿不到分数，基本题又因做得匆忙丢了分，倒是吃亏了。考试如此，平时学习也如此。帮助每一个学生在他原有基础上有所提高，这才是因材施教的本意。至于具体怎么做，各有高招，分层教学也不失为一种选择，不应否定。

2016 年 10 月 26 日

【夸克 7292（K12 班风小论坛）】

关于分层教学，王老师的说法与方老师的说法可能不在同一条线上。

方老师所说的美国分层教学，是在同一个班级内部，教师按照学生学习水平的高低，把学生分成不同的几个小组，再根据小组的层次，布置相关层次的学习任务。这个做法我估计要想找到对应的高水平老师来实施是很难的。在我的印象中，苏霍姆林斯基有过类似的做法。

让我们看看帕夫雷什中学教师阿·格·阿里辛柯和姆·阿·雷萨克的数学课吧。在解答应用题的时候（解题占用上课的 90% 的时间），他们所教的班好像分成了好几个组。在第一组里，是学习最好的儿童，他们无须任何帮助就能很容易地解出任何应用题；其中还有一两个学生能够即席口头解答，不需要做书面作业：教师刚刚读完条件，学生就举手要求回答。对这一部分学生来说，除了教学大纲规定的题目外，教师还要挑选一些超过大纲要求的习题：应当给这些学生的智慧以力所能及的、但并不轻松的、要求紧张地动脑的工作；有时候，需要给学生布置这样的习题，使他不能独立地解答出来，但是教师给予的帮助只能是以稍加指点和提示为限。

第二组里是一些勤奋努力的学生，他们能很好地完成作业，是和进行一定程度的紧张的脑力劳动、探求和克服困难分不开的。教师们常说，这一部分学生是靠付出劳动和用功学习而取胜的，他们能顺利地学习，是因为他们勤奋用功和坚持不懈。

第三组学生，能在没有帮助的情况下完成中等难度的习题，但是对复杂的习题则有时解答不出。在他们做作业的过程中，对这些学生的帮助要有高度的教育技巧。

第四组学生对应用题的理解很慢，解答也很慢。他们在一节课上所能完成的作业，要比第二组、第三组学生所做的少一半到 2/3。但是教师无论如何不要催促他们。

第五组是个别的学生，他们完全没有能力应付中等难度的习题。教师要为他们专门另选一些题目，始终只能指望他们在一节课上有所进步，哪怕一点点进步也好。

这些组的学生并不是停滞不动、凝固不变的，凡是给人以成功的乐趣的脑力劳动，总是会收到发展学生能力的结果的。

有些教师能够做到使他的每一个学生在课堂上都取得进步。应当去仔细看看这些学生在上课时的脑力劳动的情况。在这里，充满着上面所说的那种师生间相互体谅的气氛，有一种智力受到鼓舞的精神，每一个学生都在尽量靠自己的努力去达到目的。你从儿童的眼光里就能看出那种紧张地、专心致志地思考的神色：一会儿发出快乐的闪光（正确的答案找到了），一会儿又在深沉地思索（从哪里入手来解决这道应用题呢）。教师在这样的气氛里工作确是一种很大的享受。我亲爱的同行，请你相信：无论教师在这样的课堂上的劳动是多么紧张，他都会有喘息一下的时间，否则，要连上四五节课是很难的。

我在五至七年级教过几年数学。确实，这些和文学课、历史课交叉安排的数学课，对我来说是真正的休息。只要让每一个学生体验到取得成功的个人的、人格上的欢乐，那么这种课就不会把教师弄得心情焦躁、精疲力尽。教师不必紧张地等待着会发生不愉快的事，他不必去监视那些由于无事可做而不时地用调皮行为来"招待"教师的那些机灵而坐不安稳的孩子们，因为在这样的课上，他们的精力都被纳入了正当的轨道。如果教师善于把学生引进一种力所能及的、向他们预示着并且使他们得到成功的脑力劳动中去，就连那些调皮捣蛋的学生也能多么勤奋地、专心致志地学习啊！这些学生在紧张的劳动中显示他们那积极活动的精神，他们变得跟以前完全两样了，因为他们的全部注意力都集中在如何更好地完成作业上。

有些教师经常抱怨说，儿童在上课时调皮，做小动作……这些话总使我觉得困惑莫解。如果你们，亲爱的同事们，能够认真地思考一番，怎样设法让每一个学生在课堂上都在进行脑力劳动，那么上述的情况是绝不会发生的！①

---

①苏霍姆林斯基.给教师的建议 ［M］.杜殿坤，编译.北京：教育科学出版社，1984：3—5.

在我国，目前我们采取的分小组形式一般是组间同质、组内异质。即每个小组的水平是相当的，组内每个学生的水平是不同的。这样的分组形式，组内基础好的学生可以教一下那些基础差的学生，教师轻松。像美国这样的分组方法，变成了组间异质、组内同质了。这种分组方法不是说不可行，上述引文已经说明方法可行，我只是怀疑有没有这么高水平的老师能落实。像这样的分组，普通老师是没有办法驾驭课堂的，也很难关照每一个学生。我目前没有见到过这么高水平的老师。

【王晓春读后】

类似苏霍姆林斯基介绍的班内分层方式，中国是有的。中国教师为了照顾学生和家长的面子，一般都会采取自愿的办法，而且不会改变座位，或者只是临时改变座位。教师留不同的作业，或者让学生有选择地写作业，判分的时候，有时也采用不同标准，甚至还有期末考试采用两种试卷的。我见过一些材料，觉得也不是太难。分层的标准，低水平的是只看分数，高一点的兼看智力水平和学习态度。我个人认为更高水平的分法是照顾智力类型，但不知是否有人实践过。总之，我觉得班内分层具有合理性和可行性，不见得非分班不可。

2016 年 10 月 27 日

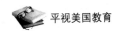

49. 关于教师评价标准

长期以来，因为不存在升学率这个概念，美国的公立学校对教师教学的评价并没有一套统一的标准，导致不少拥有永久教职，也就是铁饭碗的教师根本就不教书，上班就是混日子，学校拿他们一点儿办法都没有。

奥巴马总统上台以后，努力推动了两样东西。第一样是全美各科均统一标准。他曾说，中国从前的中小学课程是全国统一大纲、统一课本，高考也是全国统一的，这样才培养出了很多优秀的人才，尤其是工程人才。我们必须把他们的好东西整合到我们的公立教育系统里面，靠别人总是靠不住的。于是，今年全美国各科的统一标准开始到位。

统一标准建立以后，下一步就是统一课本和统一考核了。美国教育部的想法是，假如全美国的学生都用同样的标准来要求，就可以进行统考了，于是，评价教师的工作就有客观的标准了。

第二样推动的东西，是《力争上游》法案。这个法案容许各州自行决定是否参加，参加以后，联邦政府会审核各州给出的承诺，假如符合法案的规定，就会给予大笔的资金补助。其中，最主要的一个要求就是需要将教师的评价和工资标准跟学生的统考成绩挂钩。

目前，全美国有一半的州已经参与了《力争上游》法案。但是，包括加州在内的另外一半的州，对于将教师评价跟学生统考成绩挂钩有非常大的抵触情绪。

美国的教师工会是反对将教师评价和工资高低跟学生统考成绩挂钩的，有下面几个原因。

首先，美国有好几个州，尤其是人口最多的加州，是新移民学生占比最大的州。很多学校里面，动不动就有百分之二三十的新移民学生。统考是用英语考的，学生答错题目，究竟是因为英语能力太差，无法理解题目，还是因为老师没教好，导致学生不会答？我们根本就无法得知。有研究表明，一个完全不懂英语的中学生，起码要用七年的时间学英语，才能勉强跟在美国出生的同学达到同步的水平。假如一个老师每年都教新移民学生，按照新的考核方案他就永远都不可能涨工资了，因为新移民学生的统考成绩永远都不可能高到哪里去，这既不是学生的错，更不是老师的错！

其次，统考成绩跟教师评价挂钩，对那些从事特殊教育的教师不公平。美国的公立学校是禁止拒收有天生残疾的学生的。于是，盲的、聋的、哑的、弱智、脑瘫、忧郁症、多动症、小儿麻痹症……全都得收，而且很多地方还规定必须跟普通班学生一起上课。你想想：假如在一个班里面有四五个有多动症的学生，还有一两个精神失常的学生，老师是不是要花很多时间安抚这些需要特殊教育的学生？会有足够的时间教书吗？学生的统考成绩会高到哪里去？以统考成绩评价教师，并不公平。

最后，美国公立学校中小学教师的工资一向偏低，即使是在工资水平比较高的加州，一位教师做了二十七八年，年薪都达不到七万美元，可是一个电脑程序员（比教师少读三年书）做五年，就能轻松拿到年薪十万了。一份连养活自己都成问题的职业，却有那么高的要求，谁还会愿意做？教师短缺的问题会因为这种评价方式，变得越来越严重。

已经实行了统考成绩跟教师工资挂钩的州，情况怎么样呢？学生的学术表现有没有长进呢？教师会不会因为自己的工资跟学生的统考成绩挂钩而在统考中作弊呢？回答这些问题目前为时过早。但是，从第一年实行起，我们就已经发现了大面积的统考作弊现象，甚至有学生把统考题目和答案放在脸书上

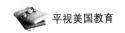

让大家用手机抄。美国的统考跟中国不同，因为是出题公司出的题目，一共就只有几套，所以，绝对不能公布考过的试题，一旦公布，下次还是用同样的题目考，就失去意义了。

所谓"道高一尺，魔高一丈"，美国教师评价的难题还将继续下去。

（《给学生无限可能——细说美国教育》，第 150-152 页）

教师评价没有统一标准，不和工资挂钩，教师就混日子；有了统一标准，与工资挂钩，教师就怨气冲天。美国学校的这种情况，与我们这里很相似，真是彼此彼此。

教师评价问题是个老大难问题，我认为永远不可能有好的方案，能弄出一个不太坏的方案就不错了。为什么？因为有几个问题谁也解决不了。第一，教师的工作很特殊，这是个相当长线的工作，十年树木，百年树人，而且它的效果往往要过很多年才能看得比较清楚。评价只能评过去和现在，无法评价未来，所以对教师工作的评价，注定是短视的。第二，教师的工作效果都是集体成果，家庭、社会、学生的朋友圈，都起很大作用，有时比学校起的作用还大。再说，一个学生从小到大，会上不止一个学校，会接触很多教师，最后达到的教育效果，谁也没有办法判断某位教师的贡献率究竟有多大。这也就是说，教师评价注定是片面的，难以公允。第三，教师的工作效果其最重要的部分都无法量化，说不清楚。"三观"（世界观、人生观、价值观）最重要，无法量化；能力重要，无法量化；创新精神重要，无法量化；个性也无法量化，能够量化的一般是相对次要的东西，比如考试分数、出勤，等等。这就是说，教师评价注定是相当主观和有失偏颇的。我认为教师工作的这三个特点决定了教师评价永远是一本糊涂账，即便是神仙也算不清楚。

所以我说，我们的教育机构和教育研究机构，多年来对教师评价投入那么多精力，弄出了大量的形形色色的评价方案，是做了太多的无用功。当年我在教科院，也参与了这项工作，劳心费力，现在回忆起来，很不值得。我们有一些领导者有个误区，他们总想用评价的方式把教师的工作"管"上去，把教师的素质"管"上去，所谓"向管理要效益"。这个思路用在教师身上，不对头。须知教师的专业水平既不是"评"上去的，也不是"管"上去的，领导强化教师评价只能把教师的注意力吸引到最显性的最浅层次的教育行为方面，这与教育的本质渐行渐远。教师评价花样很多，有些地方还让学生评价教师，这种评价方式在师德方面有点参考价值，但让学生评价教师的专业水平，不靠谱。

怎么办呢？我主张，教师评价最好定期交由第三方（与教育行政机构和教师无利益关系的独立机构）负责，不直接与教师的工资和职称评定挂钩。学校的评比，以粗线条为好，重在具体分析和指导，别迷信管理。作为教师，我希望大家不要把学校的评价看得太重（也别跟它对抗），不要跟着校长的评价指挥棒团团打转，而要自主、自立，把主要精力放在不断的专业进修上。

2016 年 10 月 27 日

50. 美国小学怎样进行爱国主义教育

美国的小学生一入学，美国的老师就开始对他们进行爱国主义教育了。

首先，所有的学生都必须学会背诵"国旗誓词"。为什么呢？因为每天早上在上课之前，小学生们都必须在操场集中，升国旗，所有学生都必须把右手放在左胸，齐声背诵效忠国旗誓词："我全心全意效忠国旗，以及美利坚合众国。效忠共和，它代表了统一的国家，在上帝之下，不可分裂，以及在法律面前人人平等。"

美国的小学每天都升一次国旗和州旗。美国的公立学校，每当全校集会时，都会隆重地把国旗请出来，大家站起来，右手捂着左胸，向国旗行注目礼并背诵效忠誓词。假如高中里有"少年预备役军官训练团"，这个团的学生还会穿上整齐的军礼服，用仪仗队护送国旗上台，隆重地升旗、敬礼，然后全校师生一起背诵效忠誓词。

所以，我们经常会看到，在奥运会赛场上，每当美国运动员得到冠军，升起美国国旗，他们都会右手捂着左胸，轻声地跟着唱国歌。他们从小到大都是这样做的。

所有的学生都必须知道国旗是什么样的，有什么图案，代表了什么意义，有哪些颜色，颜色代表了什么意义。高年级的学生还要学唱国歌（不要求低年级学生一定学会，因为美国的国歌非常难唱）。

其次，所有学生都要用拼图的方式，学习国家有多少个州，每一个州的形状是怎样的。同时，还要知道国家的面积、首都、政体，以及历任总统的姓名和著名总统的事迹。所以，大部分美国学生，回答诸如"从内华达州到缅因州，中间要经过哪些州"这样的问题，一点儿困难都没有。

这种爱国教育，每年都学，不断重复，年级越高，学得越详细，内容基本是一样的。

对比美国的小学生，中国的小学生对自己国家的了解差了许多。

国内的朋友们，大家可以问一下自己身边的学生（不一定是小学生，可以是中学生，甚至是大学生），都未必能正确回答下面全部的问题：

①中国国旗的图案和颜色分别代表什么意义？

②中国有多少个省、直辖市、自治区，有几个特别行政区？在空白的中国地图上能标出来吗？

③能否说出自 1949 年以来每一任国家主席的姓名？

④中国的各级政府是怎样产生的？政府的立法、行政和司法机构是怎样运作的？

（《给学生无限可能——细说美国教育》，第 153-154 页）

感觉美国学校的爱国主义教育比中国抓得还紧。我想问一问：这算不算"洗脑"？在有些中国人的心目中，这当然不算洗脑。为什么？因为这是美国。同样的做法若发生在中国，那就是"洗脑"了。美国流行"美国特殊论"，这个逻辑用中国俗话来说就是，只准美国人放火，不准别人点灯。我注意到美国的"效忠国旗誓词"里有"效忠共和，它代表了统一的国家，在上帝之下，不可分裂"的说法，可见美国人对国家统一是非常在意的。可是美国人在国际上一向以分裂别国为能事，中国的"疆独""藏独""台独""港独"，他都支持。这是什么意思？这就是说，我美国是不能分裂的，别人是可以分裂、应该分裂、越分裂越好的。美国人的逻辑就是这样。美国人爱国，那是必须的；中国人爱国，那就是"爱国贼"了。这样的美国，居然还好意思动辄说别人"邪恶""流氓"！

美国人宣誓总要扯上上帝，我觉得这很蛮横。我相信美国有很多无神

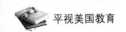

论者，也有很多信仰其他宗教的人，凭什么强迫这些人对上帝起誓？上帝是不是管得太宽点了？还有比这更"洗脑"的吗？

　　所以，作为中国教师，我们不必理会那些噪音，我们理直气壮地搞我们的爱国主义教育就是了。具体方法当然应该不断改进，方向不能动摇。中国的爱国主义有几千年的历史和文化作为根基，我们的爱国主义教育，应该有更多的历史色彩，美国没有历史优势，只能在国土的横向上多做文章，我们没有必要照搬他们爱国主义教育的模式。

2016 年 10 月 29 日

51. 美国的菜单式教学与中国的导学案

"导学案"是一个新名词。我在论坛上看了一些论述"导学案"的做法和目的的文章，感觉美国没有任何一样东西跟它是一样的。唯一比较接近的教学方法是"菜单式教学"。我在这里说一下这种教学法的一些实际做法，供大家参考，说不定会帮助老师解决在"导学案"中产生的问题。

菜单式教学普遍应用于美国小学课堂，也有应用于高中对于学术水平要求比较高的课堂。

菜单式教学的目的是通过设立不同的学习活动，让学生自己选择参与最感兴趣的活动，同时深入探讨某些学习内容。

对小学课堂来说，菜单式教学可以让学生体验各种不同的学习过程。而对高中课堂来说，菜单式教学要求学生对该科目的知识掌握得非常好，基本上需要类似于上"重点班"那样的学生，才能进行这种教学。

在小学，菜单式教学需要把教室分成四到六个学习中心，每个学习中心设立两个或者三个学习活动。这两个或者三个学习活动必须是针对不同的学习模式的。学生要分成四到六组。首先，根据老师分发的本课目标选择自己想学的东西，想参与的学习活动，在工作纸上做一个计划。（学习中心规定了哪些是必做、哪些是选做的学习活动。）其次，学生根据老师的分组，到不同的学习中心去选择自己想进行的学习活动，记录结果。每隔15或者20分钟轮换一次。最后全班总结和分享。

在高中，这类菜单式学习对学生的要求更高，不限于"体验学习过程"，而着重于"深入解决问题"了。比如，在一个生物学的菜单式教学课时中，教师给学生规定的学习目的是，研究如何解决统考中曾经考过的关于光合作用的题目。学生们

先拿到一份统考的"考古题"（指从前统考考过的题目，又被称为"考古真题"。——编者注），有不同类型的关于光合作用的题目。根据这份题目以及学习中心的描述，学生们自己设计方案以便通过不同的学习中心掌握不同的内容。教师则在教室里面设立四到六个学习中心，学生被分到不同的学习中心去进行学习和探究。这些学习中心可能每节课只能完成一个任务，所以，这份菜单学生要做好几节课。

以上面所举"光合作用"的菜单为例，教师设置了下面几个学习中心（每个学习中心只选做一个探究活动）：

（1）电磁波与色素：

①不同波长和频率的电磁波，在跟不同的色素作用以后，分别会有怎样的效果？

②不同的防晒剂，对色素吸收电磁波有什么不同的影响？

（2）光合作用跟光强度的关系：

①用所给的材料设计一个实验来证明光合作用跟光强度的关系。

②用所给的材料寻找光合作用跟光强度关系的文字证据并做小结。

（3）光合作用跟二氧化碳浓度的关系：

①用所给的材料设计一个实验证明光合作用跟二氧化碳浓度的关系。

②用所给的材料寻找光合作用跟二氧化碳浓度关系的文字证据并证明你的观点。

（4）光合作用中的水、二氧化碳、氧气和高能量糖的来龙去脉：

①根据指导，做出一个光反应和一个暗反应的模型，要能够说明上面这些物质的来龙去脉。

②阅读文章，完成工作纸上面的探究问题，并总结上面这

些物质的来龙去脉。

（5）光反应和暗反应是怎么被发现的？

①根据资料，设计并制作一个 PPT 简报，加上模拟动画，回答这个题目。

②根据资料，使用一个动画软件，制作一个模拟动画，说明光反应和暗反应是如何被发现的。

（6）最后的学习中心：

完成上面几个学习活动以后，所有人都必须经过最后的学习中心：完成一份关于光合作用的"考古题"，并进行自我评估。

在整个学习活动中，老师只对学生碰到的问题进行解答（比如不会操作仪器，或者对完成哪项任务有疑问等），对学习内容则完全不讲。

（《给学生无限可能——细说美国教育》，第 155-157 页）

中国的导学案，我感觉就是个自学提纲。这个办法其实几十年前魏书生老师就实行过，只不过魏老师干脆以语文教参为自学提纲，放手让学生自己去学，让学生都去找找当老师的感觉。魏老师把老师那点本事看透了，他认为与其让老师当二道贩子传达一遍教参，不如让学生自己直接看教参效率更高。近年流行的所谓导学案，我觉得也是这个思路，只不过导学案比当年魏老师的办法在内容上又拓展了一些，增加了一些合作学习的东西。

美国的所谓菜单式教学，在鼓励学生自学这一点上，与导学案有相通之处，但二者差别更多一些。具体说至少有以下几点差异。

第一，菜单式教学的设计是多项的，学生有选择权；而导学案教学的设计是单一的，学生无法选择。

第二，在菜单式教学中，教师管得很少，一般只提出目标，具体方案由学生讨论决定。教师只帮助学生解决一些他们确实无法解决的问题，甚

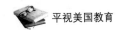

至学习内容都不管。导学案则不然，基本上都在教师的掌控之下。也就是说，在这两种不同的教学方式中，学生的主体性差很多。

第三，导学案是服务于应试的一种教学方式，导学案的教学目标直指应试，而菜单式教学的目标不是这样。

我认为从总体上看，菜单式教学要优于导学案，不过中国有中国的特殊国情，可能无法立刻迈这么大的步子，导学案增加了学生的自学成分，应该说是有点进步的。

上面引文中我最感兴趣的是"光合作用"的案例。这个菜单实际上是一种应试训练，学习应对以往考试题目。这就告诉我们，应试训练也可以搞得科技含量稍高一些，不是唯有题海战术，玩命做题。

2016 年 10 月 30 日

52. 美国数学教育改革为什么没有成效

21世纪初，以比尔·盖茨和乔布斯等科技界大佬为首的高科技领域领头人物，用自己的财力，在美国国会发起了希望尽量扩大开放外国科技人才，尤其是外国工程师在美国工作的 H-1B 签证名额的游说。同时，他们组织的基金会也开始游说各州的公立教育决策人，希望改善美国的公立学校数学教育落后于世界其他国家的情况。

这两件事情其实是相关的。因为美国公立教育长期以来一直在折腾数学教育，尤其在小学和初中阶段，各种理论此起彼伏，一代人又一代人被用来做实验，折腾的结果是美国在科技工程界的人才越来越少。从前美国没有"高科技"这个概念，靠私立学校，还有部分重点公立高中培养出来的数学能力好的人，虽然仍然可以保持美国在科技方面的领先地位，但培养出来的人才已经渐渐不能适应21世纪的需要了，因此，美国朝野，尤其是急需科技人才的高科技界，全在大声疾呼必须改革数学教育。

加州是美国高科技重地，硅谷的影响是世界性的。可是，硅谷的工程师绝大部分是从中国和印度来的，美国本土培养的高科技人才非常缺乏，因此，硅谷对加州公立教育的影响也比其他地方要强烈。加州的教育局最先决定了数学教育的改革方式，把全世界数学教育领先的国家——新加坡的数学课程标准和课本引进加州，希望把全世界最好的数学教育引入加州的公立学校，从而彻底改变加州科技人才缺乏的局面。

这个改革造成一个很明显的结果，就是要求全加州公立学校八年级的学生，要学习本来在九年级（高中一年级）才会学的《代数1》。

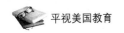

美国高中生一年级学的《代数1》，所涵盖的范围非常广，内容也相当深，涵盖了相当于中国的初中二年级到高中一年级数学课程里面全部的代数内容。

这个规定其实非常有问题。

首先，教师的水平不够。加州的教师执照规定了持小学执照的教师是可以教初中的。事实上，因为美国长期缺乏数学人才，读理科专业而又愿意去当数学教师的人非常少，即使有，也都是拿中学单科数学执照去教高中，一般不会教初中。所以，在初中教数学的，基本都是持小学执照的教师。这些人的数学其实绝大部分不过关（因为小学执照考试的数学部分最难的内容只是简单的代数，如解一元一次方程之类），要他们教《代数1》，实在是有点强人所难。

其次，学生不具备学习这个代数课程的数学基础。加州的公立小学是不分科教学的，一个老师教所有的科目。当小学老师的很少有人是理科生（因为在美国，假如一个人理科好，便很容易就能读工资高的专业，根本不需要去当小学教师），数学不好的老师，基本没有可能教出数学好的学生；甚至，有没有教数学都很成问题。因此，我们经常可以看到移民美国的父母们在抱怨，孩子已经上小学四五年级了，还在学数数，学十以内的加减法，就是这个原因。于是，学生的数学概念和基础其实非常差，大部分学生到了八年级，根本就无法接受《代数1》的课程内容。

最后，也是最重要的一点：学生能不能学到某种东西，美国的公立学校是不能强迫的。美国的公立教育有点像免费救济穷人的食物——政府不给穷人食物，就是犯法，是不可以的。但是，穷人拿了食物不一定要吃掉，假如政府强迫你拿了食物以后一定要吃掉，也是犯法。公立学校的学生完全可以不接受这么难的数学教育，但这并不等于学生家长愿意接受孩子成绩不及格。很多学生家长用各种方式强迫老师给学生好成绩，结果导致学生根本没学到什么真正的《代数1》的知识，成绩却很不错。但全州的数学一统考，问题就全出来了：大部分学生的成绩极差。但政府或者学校都对这些学生毫无办法，学生还是一样拿着及格甚至优秀的成绩直接升上高中。

美国多个州的州长从2006年开始联合推动全美国统一的课程标准出台，2015年已经有大部分州参加了，全美统一的英语和数学课程标准率先出台。加州的数学老师们赫然发现，全美数学课程标准的单摆又摆回了10年前：不要求学生掌握那么高程度的数学。加州一些学区的课程负责人干脆直接下命令：根据全美统一数学课程标准的要求，从明年开始，禁止在八年级教《代数1》！

其实，做出这个决定实在是迫不得已，在过去10年的全州统考中，学生答对了《代数1》50%的题目，就叫及格；假如一所学校考这科的学生中有36%达到及格的标准，这所学校就叫达标（达到加州要求的标准）。然而，虽然题目的难度一年比一年低，但成绩最好的一年，全加州初中《代数1》达标的学校只占60%不到，而第一年只有26%的学校达标！考虑到《代数1》的考题里面，有1/4考的是四则运算、合并同类项这样相对简单的内容，而一次函数和二次函数作图、解方程组、解释双曲函数图线、推导二次方程曲线这样相对难的题目只占5%左右，我们就可以知道这次数学改革的成果如何了。

因此，这次数学教育单摆返回从前的老路并不奇怪，尤其是当年发起改革的领军人物比尔·盖茨已经退休不管事了，乔布斯也已经去世，恐怕，美国对数学人才的需求，只能继续寄希望于中国和印度了。

（《给学生无限可能——细说美国教育》，第158-160页）

根本问题不在教育，而在美国的政治制度从整体上是为极少数权贵服

务的，对普通百姓的教育，并不重视。你会发现美国的一切都日益向高端倾斜。政治上，所谓民主，无非就是上层精英和有钱人的游戏，而且这游戏越玩越不堪了，从选优变成比坏了；经济上，实体经济空洞化，主要精力用来搞金融，其实就是耍钱，不生产真东西，只玩虚的；文化上，政府强调的都是对有权有钱人有利的意识，比如民主啊、自由啊，等等。手里有钱，当然越自由越好，穷人的自由则被钱包限制住了。美国媒体绝不会侧重宣传平等，因为那样一来对上层精英就不利了。顺便说一下言论自由。你会发现无论是中国还是外国，最热衷言论自由的大多是"吃开口饭"（旧时把以表演戏曲、曲艺等为职业的叫作"吃开口饭"）的，像记者呀、作家呀、律师呀、教师呀，等等，实际上，这背后有个饭碗问题在起作用，我们不要把他们看得太高尚了。我希望各位不要以为我反对言论自由。

美国的教育也是金字塔式的。美国真正重视的，只是精英教育，它在这方面也确实搞得比较成功，值得学习。至于一般百姓上公立学校，接受基础教育，其实，就是哄你有个饭吃，不闹事，能当个劳动力就行了。美国教育没有"提高全民族素质"的概念，没有"为人民服务"的概念，难怪他们在基础教育方面整体上成绩不如中国。中国的教育制度在培养世界一流人才方面，现在落后于美国，需要努力学习美国的成功经验，但是在培养各级各类有文化的劳动者和专业人才方面，我们有优势，只是职业教育方面不如德国这类国家。美国的教育是眼睛向上的，中国决不能走这条路，因为这样搞基础不牢，甚至基础可能被抽空，结果顶尖级人才弄成"无兵司令"，只好从外国引进大量工程师，美国现在就是这样。他们自以为只要他们拿住高端人才，一切就在他们掌控之中，其实，事情不是这样简单。英国《经济学人》杂志公布2015年世界GDP排名前50的国家，中国奇迹般地崛起成第二名，主要靠的并不是高端人才，而是基础人才，我们基础人才多，蚂蚁啃骨头，成就了伟业。美国和中国的有些精英最致命的弱点和整体上永远也改不了的缺点是，看不起普通百姓，然而历史一再证明，芸芸众生才是历史发展的真正主体。

2016年11月2日

53. 关于创新教育

　　国内的教育界基本上同意的一个观点，是中国的学生缺乏创新能力的教育。在应试教育的环境下，中国学生从小就学习如何把老师教的答案背熟，如何应试，以考上高中和大学，于是跟国外（如美国）的学生相比，几乎没有任何独创精神，也没有创造力。中国提倡"素质教育"的一个主要原因，就是希望能让中国的学生有像国外学生一样的创造力和创新精神。

　　我不同意这个观点。我认为，中国的基础教育在系统地提供基础知识方面，除了个别科目外，一点儿也不比美国差，甚至某些科目比美国要好得多。而培养创新能力的基础，是扎实的学术基础。我认为，中国学生缺乏创新能力的原因，并不是他们缺乏创新教育，而是以下两个原因：第一，缺乏一个容许创新能力表现的环境和空间；第二，缺乏如何表达创新能力的形式训练。

一

　　要让一个学生有创新能力，扎实的学术基础是第一位的。很难想象一个连四则运算都不会的人，如何能在数学的数论领域有什么"发明"和"创造"。美国的公立中小学长期以来没有课程标准，没有考试，老师喜欢教什么就教什么。到了最近几年才出现标准化的浪潮，出现统考，甚至出现全国统一的课程标准。但是，50%以上的公立学校仍然处于几个学生在课堂上造反，老师就无法教书的局面，这在中国的公立学校大概是不可想象的吧！

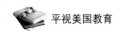

在提供扎实的学术基础方面，中国的基础教育做得并不比美国差。中国的学生从初中开始就系统地学习物理和化学，而美国的学生到了高中的第二或者第三年才有化学这门课，而且还不是必修课；物理是高中第三或者第四年才有资格上的课程，很多高中根本就没有开物理这门课！能参加国际奥林匹克数学、化学或者物理竞赛的美国学生，基本都是私立中学的学生和几个重点公立高中的学生。大部分的公立学校学生，连听都没有听说过有这样的竞赛，更不用说去参加了。这跟中国铺天盖地、到处都有的"奥数"教材和训练班相比，真是不可同日而语。

美国的英特尔科学奖，素有"小诺贝尔奖"之称，是鼓励中学生在人文科学和理工科学方面创造性的大型奖项。2015年，全美国有三千多名学生寄出他们的论文参加评奖，最后有一千多名入围决赛的学生，其中有三百多名学生是华裔，在这三百多名华裔学生中，竟然超过70%是来自中国大陆的新移民（也就是移民来到美国不到三年的学生）。

英特尔科学奖是美国最重视创新能力的奖项了，可是，入围的华裔竟然绝大多数是来自中国大陆的新移民，我们总不能说，美国的"创新教育"神奇到这个地步，可以在一年到三年的时间里，就把这些中国来的新移民教成"创新能手"吧？要是真的那么神奇，按道理说在美国本土出生并接受教育的华裔应该接受创新教育的时间更长，素质更高才对，怎么就赢不了这个重视创新能力的奖呢？

假如我们细心研究一下入围的得奖人的论文，会发现一个有趣的现象：来自中国的新移民得奖人，很少有人是因生物或社会科学（历史、经济、政治、哲学、心理）方面的研究而入围的。这跟中国的基础教育中，生物学和社会科学落后于美国的情况十分吻合。换句话说，基础知识强，创新能力就强。中国的高中生没有学过经济学理论，基本没有学过除了马克思主义哲学以外的任何哲学思想，没有学过心理学，因此，跟美国的高中生无法竞争，这是不奇怪的。中国的高中生学的生物学知识远比美国的高中生少，实验水平也远低于美国的高中生，自然无法跟人家竞争。

二

从上面的论述我们已经可以发现，中国的基础教育中凡是做得比美国好的地方，在美国的中国学生的创新能力都比美国学生强。那么，为什么我们会发现中国的学生普遍创新能力仍然是比美国学生差呢？比如，国际的学生工程大奖，中国有几十个学生入围，已经是亚洲最好的成绩了，可是美国却有一千多个学生入围。难道这不能证明中国缺乏创新教育吗？

这个结论是片面的。中国缺的，不是形式上的创新教育。

首先，中国缺少的是一个容许创新能力表现出来的环境和空间。中国的社会是崇尚集体主义的，任何出格的东西都会被社会排斥。这跟崇尚个人主义的美国不同，在美国，不出格就没有个性，也就无法赢得别人的尊重。因此，美国的高中生用"社会上美女越来越多"的现象来解释进化论也可以拿到80分，在中国的话，做出同样解释的学生肯定不会及格。中国的学生写作文，无论是什么题目，基本的要求都肯定是"主题鲜明，思想健康"。因此，无论老师们如何苦口婆心地告诉学生"我手写我心"，学生们写出来的东西仍旧是假大空。因为"主题无厘头""思想不先进"的东西，老师无法接受。

有一年的英特尔科学奖，旧金山有一个来自广州，移民到美国才一年多的高中生入围。他的论文内容是建议修改电磁学的国际单位。他刚接触高中物理，父母文化水平不高，根本就无法辅导他，他就把自己的想法跟物理老师说了，物理老师马上鼓励他深入研究，并告诉他可以参考什么书，到什么地方找

资料，到哪所大学旁听。

其次，中国还缺乏让学生正确地、有效率地表达自己的创新能力的言语形式方面的训练。

在提到美国的"素质教育"的时候，很多人都会提到美国的老师如何让小学二年级的学生写诸如"第二次世界大战的成因""人类文明的启示"等连中国的大学教授都感觉头疼的东西，好像美国的创新教育就是整天让学生捣鼓论文，做实验，做社会调查。假如中国也"创新"的话，也让小学生做实验、写论文不就得了？

其实，对"创新教育"的这种理解是非常片面的。美国教师给学生布置这些作业的目的不是真的要让学生有什么划时代的发现，而是让他们练习言语表达的格式——如何通过恰当的格式，把自己想表达的东西标准地、有效率地表达出来。

美国的中小学教育强调除了文学艺术创作以外的所有作品，都必须以严格规范的格式表达。读书报告是怎样的格式，研究论文是怎样的格式，定义性议论文、对比性议论文、分析性议论文、反驳性议论文、评估性议论文……各有各的格式，格式若错了，内容无论多高明都不会得高分。

然而，中国目前绝大部分的老师仍然无法接受学生需要言语形式训练的观点，认为这会限制学生的创造性。他们忘记了诗歌、散文、小说之类的文学创作只占教育的一小部分，忘记了学生毕业后写论文或者写一篇可行性报告的机会，会比写首诗歌到报刊上发表的机会多得多。最奇怪的是，中国的老师仍然相信学生的创造力是可以通过"感悟"获得的，"悟"出来以后，自然就会表达。

综上所述，中国的基础教育其实并不缺乏所谓的"创新教育"，缺乏的是容许创新的环境和空间，缺乏的是有效而恰当地表达创新思想的言语形式训练。只要有坚实的基础知识，加以适当的言语表达方面的训练，在一个宽松、鼓励创新的环境里面，学生就可能成为一个创新型的人才。

（《给学生无限可能——细说美国教育》，第173-177页）

我国学生创新能力差，我国教育不利于学生创新能力的培养，这恐怕是真的。但有些人以为这是因为我们缺乏一门叫作"创新"的课程，只要我们开了这样一门课，学生就会有创新能力了，这是极不靠谱的想法。这种想法本身就是不懂创新的表现，他们以为创新只是一种知识或技艺，可以像接力棒一样传下去，殊不知凡是能这样传承的东西，都是旧的，不是新的。创新的特点恰恰相反，它必须突破传统，打破传承。也就是说，创新是没有办法教的，我能教会学生的东西，对于他肯定就不是创新了；我没有教过他，他自己搞出来的别人都没有的东西，才是创新。

创新不能教，却可以学。所以一个国家也好，一个学校也好，最重要的事情是给创新营造较好的环境和平台，剩下的事情你就不要管了，你也管不了。绝大部分创新是难以预料的。中国人、中国学生缺乏创新能力，主要是因为我们的人文环境对创新不利，这一点是学界公认的。中华文化的骨架是儒家和道家，这两家都不鼓励创新。孔子自己就"述而不作"，老子对创新甚至采取敌视态度，虽然他自己是创新大家。从生存的角度说，孔子和老子的态度自有其高明之处；但从发展角度说，这种态度是有害的。我印象里最鼓励创新的倒是法家和墨家。儒家、道家尚古不崇今，眼睛往后看不往前看，法家与此不同，法家主张往前走。中国历代的革新者往往推崇法家，不是偶然的，他们从这里能找到思想资源。中国人要稳定的时候就会把孔子、老子请出来，而要革新的时候，就会亲近商鞅、韩非。

方老师说："中国的社会是崇尚集体主义的，任何出格的东西都会被社会排斥。"有这个问题。中华传统文化尚同不求异，这对创新精神的杀伤力很大。一个人有点不同于他人的想法，不用等别人反对，他自己就先惭愧了，这还怎么创新？非常可惜的是，我们的传统文化，无论是儒家还是法家，在这一点上是一致的，法家在这一点上好像还更严酷。中国人至今仍有随大流的习惯，有从众心理，就是这么来的。和他人保持一致，别出幺蛾子，最安全。创新，本质上是一种个人活动，虽然创新也需要团队

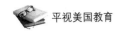

合作，但真正起主要作用的还是最出色的个人，因为头脑作为思维器官只能单独运转，无法"联合思维"。西方国家主张个人主义，个人主义并不能保证独立思考，但与独立思考关联比较密切；我国倡导集体主义，集体主义并不注定压抑独立思考，但集体主义确实容易压抑独立思考。

还有就是考试。考试可以说既是创新的朋友（提供知识支撑），也是创新的敌人，而在中国，后者通常是主要的。谁都知道，要想得高分，你千万不要创新，而要向标准答案靠拢。创新是冒险的事情，创新意味着与失败为友，考试恰恰不能冒险，要用最稳妥的方式把分数拿到手。一个人从小经历过无数考试，就把他的思维方式固化了，他会习惯于躲避危险，习惯于看上级脸色行事（考试就是看人脸色，按别人要求做事的活动），会失去好奇心和探索欲，即使有聪明才智，也被窒息了。所以我说过，学校里必须有点"非应试"的东西，我们看一个教师的素质，这是一个重要标准。有些教师明知道做一些事对应试没有用处，只要这些事有助于激发学生的独立思考和探索欲，他就去做，这种教师更懂教育，素质更高一些，尽管他的学生考试成绩未必数一数二。

至于方老师说的文章格式问题，我认为那是做科研的基础训练内容。我国很缺乏这种训练，学生写作文写的多是四不像的将来用不上的"记叙文"，议论文也完全不是探究的路子。教师让学生知道写研究型的文章有怎么个程序，是怎么个写法，这很重要，小学就应该教。

我还有一个感觉，在创新方面，我国理工科的人才比文科知识分子高出一筹。中国文人没出息的太多，对西方思想过于迷信，总是跟在人家屁股后面蹒跚而行，还觉得自己高国人一等。语文界这种现象也比较突出，语文老师常常是最能侃的，也是最没溜儿（北京方言，说话不着边际——编者注）的，实质性的创新很少。

创新是个大题目，这里只是一些初步的感想。

2016 年 11 月 3 日

54. 科学家到中学做报告

　　从前在国内读小学、中学的时候，学校时不时会召集学习好的同学去礼堂听科学家做报告。我们远远地望着这些科学家，十分崇拜。他们讲的东西没有什么实质内容，全是告诉我们应该努力学习，将来为国家做贡献之类翻来覆去的套话，要不然就是如何死背单词、死记公式之类的错误的学习方法。总之，给我们的印象就是，只要把老师讲的每一句话都背熟了，把课本全背熟了，考试考了高分，自然就能当科学家了。

　　在美国，科学家好像没有国内的那些科学家那么值钱，不必召集很多学校里的好学生去听科学家讲课。一所普通中学也能请个科学家来给学生讲课，而且还可以规定主题。

　　我们请过发现DNA双螺旋分子结构的诺贝尔奖得主詹姆斯·沃森教授来做报告。这位科学家可是全世界知名的，几乎所有的生物教科书上都有他的名字和他的发现。可是，我们给他规定的主题不是讲DNA的结构是什么（因为课本都有，不用他讲），我们让他说说那段历史，说说他是如何悟出DNA分子结构的。

　　沃森博士说，他其实不配拿1962年那个诺贝尔奖，那个奖应该是罗莎琳德·富兰克林拿才对，因为她用X射线衍射法把DNA分子的样子都照出来了。他当时研究的是细菌的性行为，跟弗朗西斯·克里克一起研究DNA，纯粹是因为看上了剑桥的一个54岁的美女。然后他话题一转，说未来人类必须用基因工程把所有刚出生的女孩都塑造成美女，这样就不会有那么多丑的人到处走了，也不会让美女变成稀有动物。

　　一个多小时的报告大家听得入神，不但把科学家做研究时的想法和挫折记得牢牢的，还顺带着了解了科学家的出位言论。

"只要喜欢，只要有从心里面产生出来的爱好，人人都可以拿诺贝尔奖。"沃森最后这样告诉大家。他说自己上大学的时候非常懒，不做作业，但对于病毒、细菌和细胞方面的知识却是非常感兴趣，经常利用休息时间去探索。他并没有告诉大家只要死背公式就可以成功。

曾来我们学校做报告的另外一位科学家是1983年诺贝尔化学奖的得主亨利·陶布博士。他现在已经去世了。这位科学家讲的是他刚从加拿大移民到美国时很多不习惯的地方，还讲了一些日常的小笑话。大家觉得科学家不是神，也是一个普通人，一个很可爱的老人。他用非常浅显的道理讲他的得奖发明，讲他怎么样用直接计算法计算电子在光合作用里面的运动方式，不必用高等数学，任何懂对数和三角函数的中学生都会计算。

"看，很容易。你们也能拿诺贝尔奖！"

一个学生说："您是斯坦福大学的教授，您算出来了，人家当然说是您的大发明。假如我算出来了，谁理睬啊？"

"只要符合科学的定义，再无名的人创造的东西，科学界都会认真对待。现在我们有那么多的专业期刊，就是给无名科学家发表论文用的——当然，你的东西必须是科学而不是想象。"

想起在国内读大学的时候，系里面稍微有点儿名气的教授，想见一面都不容易，更别说给我们上课了。

或许，这就是我们跟人家的差距？

（《给学生无限可能——细说美国教育》，第180-181页）

这两位科学家，不摆架子，以真我示人，令人钦佩。我相信中国也有不少这样的科学家，而且希望有更多的中国科学家在百忙之中抽出时间到中、小学给孩子们讲讲课。不过相对地说，我们的某些名人可能比欧美名人更爱摆架子，即所谓"耍大牌"。我想这与儒家"礼"的传统有关。礼者，做样子也。这东西虽然也有规范社会行为的"维稳"作用，但其负面作用也不小，它弄得人们不得不"装"，失去了真实的自我，或者分裂成两个自我，活得很累。

在我们这里，名人要活得真实、自然，很不容易，首先自己就得有胆量说真话办真心事，别怕得罪人；其次还得有定力，扛得住周围人频频送来的高帽子。中国善于抬轿子的人太多，来不来就把你举到天上去了，一上去你可就下不来了，只好按人家的摆布演戏，双方相互利用，心照不宣。教育界的专家、名人，有人说是各行各业的大腕中含金量最低的，有些专家、名人却也纷纷自我感觉良好，经常忙不迭地做权威之状，真是令人同情。

我感觉，理工科的名人比文科的名人更真实一些，有些文人总是云山雾罩的，故意说一些别人听不懂的话，以示高深。上等人比黎民百姓更喜欢装。土匪很粗野，但相对真实，不怎么装。所以你会发现，如今鄙夷梁山好汉，恣意贬低《水浒》的，普遍是一些有学问的人、上等人、文质彬彬者。可惜，普通百姓不会买他们的账。

2016 年 11 月 14 日